改訂新版

言いがかり 110番

あらゆるトラブル、もめごとの賢明な対処のために

弁護士法人 淀屋橋法律事務所
代表弁護士 藤井 勲 編著

企業開発センター

はじめに

　私たちは日常生活上、さまざまなトラブルに巻き込まれます。
　自分が何か失敗して他人に迷惑をかけ、その処理がうまくいかない場合もあるでしょうが、近時はこちらには何の落ち度もないのに卑劣な詐欺的商法や、一方的な言いがかり、無理難題によって善良な市民を困惑させ脅迫する事例が頻発しています。
　我が国の社会はかつてはいわゆる「恥を知る」文化と言われ、そうした破廉恥なことはまず行われないし、仮にトラブルが発生しても、地域の社会生活の中では調和と話合いを旨として行われることが前提、常識となっており、そうしたトラブルも、その中で部落の長老などが中に入ったりして、お互いに「恥ずかしくない」方法で処理されてきました。
　しかし、最近は社会が著しく都市化し、こうしたトラブルが地域社会の中で解決されるシステムは最早ほとんど機能せず、つい「恥を忘れた」赤裸々な欲望がぶつかり合うようになってきました。
　ところが我が国の社会には、こうした「恥を忘れた」トラブルを適切に解決するシステムが十分でないため、トラブルに巻き込まれた多くの善良な市民は思い悩み、不当なお金を払ったり、暴力団などに頼んだりして、問題を大きくしてしまうことも少なくありません。
　本来そうした問題は、弁護士が入ったり裁判所の調停などで解決されるのが一番いいのですが、日本の社会では弁護士や裁判所はまだまだ敷居の高い存在です。
　私たち弁護士は、日常的にこうしたトラブルに対処して、その正しい対処法についてかなりの経験を積んでいますので、本書では私たちがよく相談を受ける事例について、理論的な裏付けとともに、具体的な対処法を解説しようとするものです。
　なお、本書は藤井が平成7年に企業開発センターから発刊した「言いがかり撃退術」をもとに平成11年に「言いがかり110番」として改訂したものを、弁護士法人淀屋橋法律事務所所属弁護士の協力を得てさらに近時の事例を追加して補充、改訂するものです。

改訂新版 言いがかり110番 CONTENTS

第1章　言いがかり、トラブル対応の理論

　　1　言いがかりとは……………………………………12
　　2　Noの言えない日本人〈納得了解至上主義〉………12
　　3　情の処理から理の処理へ〈Noはクリアに〉………13
　　4　理の処理とは〈いつも正しい筋で単刀直入に〉……15
　　5　スタンスは対等・平等………………………………16
　　6　道義的責任と法的責任〈誠意について〉……………18
　　7　ゴールは何か…………………………………………19
　　8　解決への作戦と実行…………………………………20
　　　①解決案の策定／20
　　　②作戦・実行の方法／20

第2章　言いがかり対処の技術

　　1　言いがかり対処の準備………………………………22
　　　(1)　事実の把握／22
　　　　①５Ｗ１Ｈの特定／22
　　　　②裸の事実／23
　　　　③原始情報に接する／23
　　　　④記録、メモの重要性／23
　　　(2)　関連情報、知識の取得／24
　　2　交渉の技術……………………………………………26
　　　(1)　窓口一本化／26

　　　　（2）代理人の選任／26
　　　　（3）会話法／27
　　　　　①情の会話と理の会話／27
　　　　　②位取り／28
　　　　（4）文書の利用／29
　　3　電話・訪問撃退術 …………………………………………31
　　　　（1）電話／31
　　　　（2）訪問／31
　　4　交渉に役立つ周辺知識…………………………………………33
　　　　（1）WHOの力学／33
　　　　（2）被害者意識／34
　　　　　①倫理観の麻痺／34
　　　　　②王侯貴族症候群／35
　　　　　③他人の懐勘定／36
　　　　（3）暴力団について／36
　　　　（4）警察の利用／37
　　　　（5）監督官庁、マスコミ対策／38
　　　　（6）弁護士の利用／38
　　　　（7）裁判所の利用／39
　　　　　①債務不存在確認訴訟／39
　　　　　②仮処分／40
　　　　　③調停／40

第3章　言いがかり事例集

Ⅰ　嫌がらせ一般……………………………………………………………42
　　　①弁護士に相談したいのですが／42
　　　②執拗に要求される／43
　　　③帰らせないと言われ、強引に署名させられた／44
　　　④帰らないと居座られ、強引に署名させられた／46

　　　　⑤ 金を払わなければ街宣車を差し向けるなどと脅す／48
　　　　⑥ 金を払わないなら、差し押さえると脅す／50
　　　　⑦ 政治団体への寄付を強要されている／52
　Ⅱ　詐欺的商法──契約成立偽装 ……………………………………53
　　　　① 紳士録への掲載を強要されている／53
　　　　② 複数の紳士録から請求がきた／55
　　　　③ 注文した覚えのない健康器具を送りつけてきた／56
　　　　④ 通信講座を申し込んだら、次々と新しいものを送付してきて高額の請求を受けている／59
　　　　⑤ 勝手に送ってきた商品を家族が使ってしまった／61
　　　　⑥ インターネットでクリックしていたら支払いを請求された／63
　Ⅲ　詐欺的商法──意に沿わない契約 …………………………………65
　　　　① 高額の通信講座に申し込んでしまった／65
　　　　② 高額の化粧品などを買わされた／67
　　　　③ 勝手に送付されてきた商品の代金を家族が支払ってしまった／69
　　　　④ 家屋の修理代として法外な要求／71
　　　　⑤ 消火器の取り替えをさせられた／73
　　　　⑥ 添削指導をするとだまされた／75
　　　　⑦ 無料体験にだまされ入会／77
　　　　⑧ 高額の会費請求／81
　Ⅳ　詐欺的商法──儲け話 ……………………………………………83
　　　　① 実体のないリゾート会員権／83
　　　　② 先物取引で損をさせられた／86
　Ⅴ　詐欺的商法──振り込め詐欺（パニック誘導型詐欺）……………89
　　　　① 事故の示談金が必要と言われ100万円を振り込んだ／89
　Ⅵ　詐欺的商法──ヤミ金 ……………………………………………91
　　　　① ネットで３万円を借りたが、言いがかり、嫌がらせを受けている／91
　Ⅶ　金銭上のトラブル …………………………………………………93

① サラ金の借入金が返せなくなりました／93
　　② 手形金を立て替えて欲しいと頼まれています／96
　　③ 債務整理の資金を貸して欲しいと頼まれています／97
　　④ 迷惑をかけないから金を貸して欲しいと頼まれています／99
　　⑤ サラ金の利息が高すぎると思う／100
　　⑥ 息子が友人に貸した金が戻ってこない／103
　　⑦ 恋人に貸した金が返ってこない／106
Ⅷ　営業上のトラブル …………………………………………… 110
　　① 製品クレームで法外な要求／110
　　② 客が酔っぱらって店から出て、交通事故にあった／112
　　③ 客が酔って2階から落ちた／113
　　④ 他の客のボールが当たったのはテニス場の責任と言われた／115
　　⑤ 客同士のもめ事で店に賠償請求／117
　　⑥ レストランでワインの味が落ちたとクレーム／118
　　⑦ レストランで客のネクタイにスープをかけてしまった／120
　　⑧ 結婚式、披露宴をキャンセルした客にキャンセル料を求めたところ、払ってくれない／122
　　⑨ スーパーで万引と疑われた客が慰謝料を請求／125
　　⑩ 納品後1か月で、いきなり引取り要求をされた／128
　　⑪ エアコンの故障は引っ越しの事故と言われた／130
　　⑫ ウェディングドレスの納品日を間違えた／131
　　⑬ 中元の商品が遅れてしまった／134
　　⑭ 宅配の書類紛失で多額の賠償要求／136
　　⑮ ゴルフ宅配便の送り先を間違えた／138
　　⑯ 旅客自身の時差による判断ミスをツアーコンダクターの責任と言う／139
　　⑰ 海外旅行の予定が狂ったとクレーム／140
　　⑱ 共同事業の計画を一方的に破棄された／142
Ⅸ　日常生活上のトラブル──近隣関係 ………………………… 146
　　① 私道にガス工事をさせてくれない／146

②家の改装で嫌がらせ訴訟をされるが／149
　　③住宅工事の音がうるさいから慰謝料を払え／151
　　④真冬に水打ちをしたら、滑って転んだ人から賠償請求／153
　　⑤勝手に塀を作って請求／155
　　⑥マンションのフローリングトラブル／157
　　⑦犬の吠え声がうるさいから声帯の除去手術をしろと言われている／160

Ⅹ　日常生活上のトラブル──住宅関係 ……………………………… 163
　　①老朽化を理由にビルから立ち退き要求／163
　　②転勤のために貸していたマンションを返してくれない／166
　　③立ち退きを拒否したら、家主が鍵を取り替えた／168
　　④災害で借家が倒壊したが、敷金などを返してくれない／170

Ⅺ　日常生活上のトラブル──その他 ………………………………… 172
　　①落とし物の拾い主が過大な要求をする／172
　　②レンタルDVDの返済遅れで多額の賠償請求／174
　　③インターネット上で嫌がらせをされている／176

Ⅻ　損害賠償 ……………………………………………………………… 179
　　①地震による車庫の損壊で損害賠償要求／179
　　②愛犬が他の家の犬をかみ殺してしまった／181
　　③家の木の根っこが隣の家のブロック塀を倒してしまった／183
　　④境内の裏の森で木の枝が落ちてきて眼鏡が割れたから、弁償してほしい／185
　　⑤近所の子どもが門扉に登って壊した／186
　　⑥燈籠に登った子どもが、けがをした／189
　　⑦工事のペンキが飛んで、高価な服の弁償を請求された／191
　　⑧噂話は名誉毀損だと言われた／193
　　⑨バスの乗客が多大な傷害を申告する／195
　　⑩事故処理で会社を休み、皆勤手当がパーになったので賠償しろと言う／197

⑪ 病院から交通事故では健康保険は使えないとか、健康保険組合から治療費を全額求償すると言われている／199

XIII 男女関係のトラブル ……………………………………………… 203
　　　① 婚約不履行だと慰謝料を請求されている／203
　　　② 死んだ夫の愛人が遺言があると言って全財産を求めてきたが／207
　　　③ 別れた恋人が嫌がらせをする（ストーカー）／210
　　　④ 妻子ある男性との不倫で慰謝料を求められた／212
　　　⑤ 会社の社長の奥さんから言いがかりをつけられている／215
　　　⑥ 美人局にあってホストクラブで働かされている／219

付録　言いがかり対処用資料集

1　文書例 ……………………………………………………………… 222
　　　　　文例① 製品クレームへの回答例／222
　　　　　　　　 同意書例／223
　　　　　文例② 紳士録、押売り等の断り文例／224
　　　　　文例③ 一般的な詫び状の例／225
　　　　　文例④ 賠償義務がある場合の申出文例／226
　　　　　文例⑤ 賠償義務の免責証書（示談書）例／227
　　　　　文例⑥ 賠償要求の断り文例／228
　　　　　文例⑦ クーリングオフの通知書例／229
　　　　　文例⑧ 訴状例／230
　　　　　文例⑨ 調停申立書例／232
2　相談先一覧 ………………………………………………………… 234
　　　　　●暴力追放運動推進センター一覧／234
　　　　　●全国弁護士会一覧／237

第1章 言いがかり、トラブル対応の理論

1 ― 言いがかりとは

　ここでいう言いがかりとは、不当な要求を不当な方法で実現しようとするものを指し、日常生活上のトラブル、もめごとの代表的なものです。

　一方に、はっきりしたミスがある場合（交通事故など）で、それに対する「正当な」賠償の支払など一定の対応が必要な時に、それ以上の無理な要求がなされる場合と、いわゆる「押売り」や「面を切った。どうしてくれる」等と言われたり、あるいは詐欺的商法などのように、まったくの言いがかりのみの場合があります。いずれも、心やさしい日本の紳士、淑女のもっとも苦手とするところです。

2 ― No の言えない日本人〈納得了解至上主義〉

　日本人の精神的風土は、いわゆる恥の文化と言われるように、社会生活において他人との関係で生ずるあらゆるもめごとの処理においては、お互いの個人的欲望、要求を赤裸々にぶつけ合うことはできるだけ避け、それぞれが節度をもった自己規制により調和を保つことが是とされてきました。

　無理なことを言っては恥ずかしいといういわゆる義理、人情の世界であり、そうした情によって、すべてが納得・了解を旨として秩序が守られてきました。

　しかし、そこにそうした義理、人情をわきまえず、恥を知らない人間が登場してきたらどうなるでしょうか。

　そうした人には、本書で述べるように、理の処理によって筋を通し、毅然たる態度の下に筋の通らない要求にははっきりとNoと言わねばならないのですが、悲しいかな我が国の善良な多くの人々は、情の処理法しか知らないため、あくまで情による対応によって納得・了解を求めようとします。

　そのため、トラブルに巻き込まれ、あるいは言いがかりを受

けた当事者は、とかく納得・了解による解決を指向してしまい、結果として、不当なクレーマーが不当な利得を得る事態を招いてしまいます。

　また、トラブルの当事者以外の、それを取り巻く周囲の人たちも、納得・了解主義による解決を図ることこそが美徳であるとの考えに傾倒することがあり、理の処理によって毅然と対応する態度に対しては時として批判的な目を向けられることがあります。このような周囲の目が、トラブル当事者の、理の処理の実行に躊躇を覚えさせる要因となります。

　例えば、ある人物Aが、Bとのトラブルで過大な要求を受けた際、A自身は毅然と断ったとしても、BがAの勤務先にまでクレームをつけ始め、その勤務先の上司がAに対し、Bが納得するまで謝罪せよ、対応せよ、等と指示することがあります。勤務先や上司としては、自分たちには関係の無いトラブルですし、AがBをうまく納得・了解させてくれれば勤務先に迷惑がかかることもなくなります。しかし、そのために、Aは、本来必要のない犠牲を払うこととなり、Bの納得・了解を得るため、ちょっとしたトラブルでも多大な負担や支払を強いられることになります。トラブル当事者間だけでなく、それをとりまく周囲の人たちの意識としても、理の処理の重要さ、上記事例で言えば、上司も「Aは、そこまでしなければいけないのか？」という視点を持って接してやることが、大事だと言えます。

　本書はこうした観点から、ダメなものはダメという是々非々の判断、Noが言える対応を考えていきます。

3─情の処理から理の処理へ〈Noはクリアに〉

　かくて、我が国の善良な老若男女が、日常心を痛めている言いがかり、トラブルの多くは、日本人のこうした精神的風土を反映して、情の処理の下で納得・了解を求めようとするからトラブルなのであり、欧米人からみれば、断ればすむだけの話で

何をそんなに悩むのか理解できないのです。

　たとえば、訪問販売などで日用品や書籍、教育研修資材、紳士録、名簿などの購入を求められた時、日本人は No と言うまえに No の言える理由をさがします。私達弁護士もよく「どう言って断ればいいですか」と相談を受けます。

　しかし、答えは簡単、ほしいかほしくないか、いるのかいらないのかであり、いらないものは単に No でいいのであり理由はいりません。

　我が国の社会は、これまで人種、言語、宗教、習慣、価値観等において概ね同一性を保ったいわゆるムラ集団として、上記恥の文化による情の処理によって社会が極めて効率よく運営されてきました。

　近年、社会・経済の規模の拡大、複雑多様化、都市化、国際化に伴い、こうした恥の文化を基盤とした情の処理による社会運営が次々と破綻を来し、恥を忘れた言いがかりや犯罪的な要求に対しても理を忘れて情の処理に走りすぎて、正しい筋をはずれ、違筋の罪を犯して犯罪となるようなお金を暴力団や総会屋に支払ったりして、大会社、銀行のトップが（特別）背任罪や利益供与罪に問われて、手錠をかけられて塀の中に入ったり、会社が倒産したりすることが相次いでいます。

　いまや我が国においても社会全体が、情による納得了解至上主義から、法を守り原理・原則を踏みはずさない理の処理が求められている時代に入っているのですが、もともと言いがかりの発生している人間関係は、こうした社会全体の動きを待つまでもなく、情の処理に初めからまったくなじまないのであり、理の処理こそが唯一の対処法です。

　こうした背景から我が国では、欧米などでは考えられないような言いがかり、トラブルが氾濫しているわけですから、当事者が情の処理はしばらくおいて、この理の処理の必要性を理解できれば、それだけでトラブルの大半は克服されたも同然なのです。

4 — 理の処理とは〈いつも正しい筋で単刀直入に〉

　情の処理が納得・了解を第一とするものとすれば、理の処理とは、相手方の要求、意見にかかわらず、物事について一般的、常識的、客観的な判断の下に、正当な内容、正しい筋で対処することです。単に「何が正しいのか」です。その判断の下に受け入れるべきところは受け入れ、断るべきことははっきり断る。是々非々をはっきりさせることです。

　われわれは物事の解決、つまり相手方の納得・了解が得られるかが常に念頭にありますから、この何が正しいかの判断にも、どうしても相手方の要求内容と解決の可能性の影響を受けてしまいます。

　しかし、まず第一次の判断は、この相手方の要求内容にかかわらず、常識的、客観的に何が正しいかをしっかり見極めねばなりません。そして、その判断はまず、自分ならどこまで要求するかと考えたり、常識的な知人、友人に相談すれば答えはむずかしくないでしょう。簡単に言えば人間としての普通の常識を備えておれば、容易にわかることですし、その判断でいいのです。

　罪になることや法に反することはしないのは当り前のことですし、相手の要求の是非も自分ならそこまで言うかと考えてみれば、ことの是非はすぐわかるでしょう。

　会社の恥部をかくすため、暴力団や総会屋に莫大な会社のお金をこっそりと払って逮捕された銀行、大会社の経営者らは、それがいいことではない、悪いこと、それもとても悪いことであることぐらい十分知っておられたはずです。

　しかし、スキャンダルや不祥事が公にされることの不都合を回避するため、違筋の道に迷い込み、徐々にかつ確実に破滅の道へと進んでしまわれたのです。

　こうしてみると正しい筋というのは、それを知ることはそれほどむずかしくありませんが、その筋を通すことに勇気がいる

ということでしょう。

そして、言いがかりに対しては、その正しい筋道による判断を単刀直入に明快に伝えねばなりません。

「御要求はお受けできません。当方で御支払すべき正当な額は、金〇〇円が限度と考えています。」「お受けできません。」「お断りします。」

この言葉なのです。

情の処理の下では、このようにあまりはっきり断るのは失礼であるとして、言葉を濁したりしますが、言いがかり対策としてはそれは正しくありません。そうしたあいまいな発言は、新たに相手に言いがかりの口実を与えたり、あるいは相手に言いがかりが奏功するかもという希望をもたせ、より強い攻撃を招くだけです。

また、たとえば、1000万円の要求に対して正しい額は10万円のような時、相手の要求にあまりかけ離れた回答を示すことは、相手を刺激して問題解決をむずかしくするとの観点から、ものごとの常識的、客観的な結論に修正を加え、たとえば100万円から回答するなど不当な譲歩をすることも正しくありません。本来あるべき正当な内容からいったん離れてしまえば、もはや、解決の指針となる基本は存在せず、あとは納得・了解を得るまで譲歩を重ねざるを得なくなるからです。

5－スタンスは対等・平等

交渉は本来何が正しいかをめぐって行われなければならず、その意味では両者の立場は対等・平等です。

交通事故などで被害者は、自分の要求が受け入れられない時には、「自分は被害者だ」と強調して、立場の強さを示そうとしますが、補償はあくまで何が正当かであって、被害者であるが故に無理が通るというものではありません。

我が国の社会は、永年、情を中心とした価値観で運営され、

そこでの人間関係は対等・平等よりはむしろ上下関係が中心です。

そこで、私達はこの対等・平等という言葉は、理念としては誰しもよく知っていて反対する人はいないのですが、現実の会話、行動にはまだまったく身についていません。

そこで、言いがかりなどで相手から強く出られてしまうと、対等・平等のスタンスではなく、下から出てしまうことになります。

それでは何が正当かということを中心とした対等な交渉にならないことは明白でしょう。

交渉においては、礼儀はあっても上下関係はなく、スタンスは対等・平等でなければならないのです。たとえば相手方が、「お前」とか「貴様」というような言葉を使っている時、そのまま対応していてはこのスタンスは保てません。

こうした時には、

「私はあなたとは人間としては対等・平等で上下関係なく、冷静な話し合いで正しい内容の解決をさせていただきたいと思います。しかし、お前とか貴様と言われたのではそれもできません。普通に話をさせていただけないでしょうか。」

と言ってみてください。

　驚くほどの効果があります。相手にとっては、この対等・平等という言葉がまったく予期しないカルチャーショックなのです。

6 — 道義的責任と法的責任〈誠意について〉

　交通事故や製品欠陥の如く、当方に何らかの落度があって、相手に迷惑をかけ、その解決の過程で無理な要求、言いがかりを受ける場合があります。

　このような時には、賠償という法的責任とともに迷惑をかけたという道義的責任があり、いわゆる「誠意」という問題が発生します。

　被害者から、「無理は言うつもりはない。誠意を示してほしい」と言われ、答えに窮するのです。

　ここでも、この道義的責任、誠意の示し方について、相手の納得・了解を求める情の処理に走ってしまうと泥沼です。

　賠償の内容については、一応の基本や尺度が存在し、何が正しいかの判断は一応可能なのですが、この誠意というものについてはほとんどそのような基準や尺度はなく、まさしく人さまざまです。

　人に迷惑をかけたあと、誠意をつくして謝罪し、納得・了解をしてもらえる例も少なくはありませんし、むしろ普通はそうあるべきですが、不幸にして一旦誠意がないと非難を受け、無理な要求をつきつけられる事態となってしまえば、最早誠意により納得・了解が得られることはないと考えた方がよいでしょう。

　とすれば、この誠意の示し方も、相手が納得・了解するかしないかではなく、当方の常識から見て失礼にあたらないように十分なことをしてきたかとの観点から判断して行動することとなります。自分の良心から見て、また常識のある第三者から見

て十分かどうかです。

なお、この問題に関しては、代理人を立てることにより、道義的責任部分は自分で、法的責任部分は代理人でと区分して対応する方法があり有用です。

7 ゴールは何か

言いがかり的な交渉のゴールは何でしょうか。

多くの方は、それなりの合意ができて事案が解決することと考えられますが、それではまだ納得・了解を至上とする情の処理の呪縛から解放されてはいません。

真の解決は、当方が正しい筋道で対応して、相手の不当な言いがかり攻撃を撃退あるいは終了させることであり、そのゴールの一つに合意（示談）もありましょうが、場合によっては裁判所の命令（債務不存在の確認）や、相手のあきらめによって終えることも正しい解決の一つです。

本来払うべきもののない事案においては、相手にあきらめさせることしか正しい解決はないとも言えましょう。

交通事故などのように額はともかくとしても、いくらかは払うべきものがある場合でも、合意、示談はできなくても少なくとも当方の認める内容の示談書を送付しておくなどして、その正しいものを明確に提供しておけば当方の責任は果たされ、あとは時間、時効[*1]が解決してくれるのです。

このように示談が目的ではなく、示談できなくても別に困ることはないと考えることができれば、当事者としてはそれだけでも肩の荷が楽になりますし、逆に示談がなければ、相手の納得がなければ事案は終わらないと考えてしまえば、自然に正し

注 *1 売掛金にせよ損害賠償にせよ、債権（権利）は一定の期間（不法行為による損害賠償なら3年）が経過すると消滅します。これを（消滅）時効といいます。権利者は、その間に裁判など正式な手続きをとらなければならないわけです（詳しくは第3章Ⅶ-⑦106頁の解説を見てください）。

い筋道からはずれることになってしまうのです。
　言いがかり対処の真の目的は、言いがかりを成功させないことであることを銘記すべきでしょう。

8 — 解決への作戦と実行

　言いがかりを受ければ、上記のようにまず何が正しい解決かを冷静に考えますが、それに向けての作戦・実行には次のような諸点の検討が必要となります。

① 解決案の策定
　常識的に正しい解決内容をベースにして、その許容範囲内で、当方と相手方の強味、弱味などの諸条件を勘案し、妥当でありかつ可能な解決案…いわゆる落しどころ…があるかを考えます。
　落としどころが想定できればそれに向い努力しますし、到底ダメな時はそれを前提として言いがかり撃退のみを目的として行動します。

② 作戦・実行の方法
　誰が、いつ、どんな方法で動くかを決めます。代理人を立てるか、会うか、電話か、手紙かなどです。
　こうした検討、判断、決定を関係者で明確にし、それにしたがって行動します。ことの性質上検討の結果通りに進むことはまずありませんが、順次その結果を見て修正を加えていきます。
　言いがかり対処ではとかく関係者が場当りに、その場しのぎの対応となりがちですが、それでは傷口を広くするだけです。関係者間で言っている内容が異なったり、過去と現在とで言っている内容が異なると、それがさらなる言いがかりを招きます。場当たり的な対処が往々にしてこのような事態を招きますので、やはり関係者の意思の統一と合理的な対応が必要です。
　これに伴うさまざまなノウハウ、技術は次章で詳しく述べます。

第2章 言いがかり対処の技術

1 — 言いがかり対処の準備

（1）事実の把握

　事件に対して、正しい筋道で対処するためには、正確な事実関係を前提としなければなりません。

　しかし、過去の事実の正確な把握は決して容易ではなく、思ったよりむずかしいものなのです。

　過去の事実は、それを見聞した人が認識し、記憶した後、さらにそれを言葉や文書にして他人に伝え、これを受けた人もまたそれを自分なりに認識、理解し記憶するのですが、間違い、誤りは大小を問わず、この伝達過程のどこにでも簡単に入り込みます。

　見間違い、覚え違い、言い間違い、聞き間違い…です。

　こうした伝聞ではむしろ、詳細なところまで間違いなく伝えられていることはほとんどないと考えておいた方がいいでしょう。

　そこで、過去の事実の調査は次の点に注意し、慎重にしなければなりません。

① 5W1Hの特定

　WHEN（いつ）、WHERE（どこで）、WHO（誰が）、WHAT（何を）、WHY（なぜ）、HOW（どのように）を必ずキチンと調べ記録しなければなりません。

　情の処理の社会では、このWHYのみが重視されて、WHO、WHENなどはとかくあいまいにされがちです。

　後に「WHOの力学」として述べますが、我が国の社会はなお個人より集団という観念が強いため、WHOが個人として特定されないことはむしろ普通ですし、WHENも極めてあいまいにされています。

　たとえば、会社に電話しても会社名、部課名は言われても個人名を名乗る人はまだ極めて少数です。

ビジネス・交渉において、このWHOとWHENがあいまいであれば、それは情報ではなく噂話にすぎないのです。

② 裸の事実

また、情報としてのWHATは、類型的なものでなく「裸の事実」でなければなりません。

たとえば、AがBを殴ったというのは、類型的な表現であって、裸の事実としては極めて不十分なのです。裸の事実は、たとえば、「Aが前を向いて歩いているBの右後方から走り寄り、いきなり右手手拳でBの右こめかみ附近を斜め上から力まかせに殴りつけた」というように、その内容からその行為を再現できるような内容が「裸の事実」であり、これが事実として大切なのです。

もう一つ例をあげると、「お金を支払った」というのも類型的表現で不十分です。裸の事実は、いつ、誰が、誰に、どこで、どういう方法で（現金か、手形か、送金か…）、いくら支払ったのかということです。

③ 原始情報に接する

上に述べたことでわかるように、伝聞は極めて危険です。

一般の会話は、上記①、②のような厳重な注意はまったく払われていないので、伝聞で伝えられる事実には必ず多くの間違いが含まれているものと言っても過言ではありません。伝言ゲームという遊びが成立するほどなのです。

事実の調査は必ず直接事実を経験した人本人に当たって、上記①、②、つまり５Ｗ１Ｈに基づいた裸の事実を厳重に聞いていかなければなりません。

④ 記録、メモの重要性

交渉の経過は必ず記録しておかねばなりません。

医師がカルテなしに適切な治療ができないのと同じように、

交渉においても記録により従前の経緯が正確に把握できていなければ適切、有効な交渉、対応は不可能です。

　面談の結果はもとより、電話、連絡その他すべての経過を記録します。その内容は５Ｗ１Ｈを特定してすべきものであることは先にも述べました。

　警察や弁護士、裁判所に助けを求める時にも、このメモがあればスムーズですが、十分でなければまず、いつ、誰が、何をしたのかの確定をしなければならず、そのため相当の時間と手間を要し、結局手遅れになってしまうのです。

　基本的なメモの記載方式は次のようなものが簡便です。

```
2014.1.10   13：00～14：30

K氏来宅、当方Ａ．Ｂ対応
K      …の件、100万払え。今月中に
       払わないと差し押さえる。
A      相談して返事します。
1.12   14：00   A→K   TEL（03.3…  ）
A      10万以上は払えません。
K      若いもんをやる。また行く。会社
       にも行く。
1.13   13：00   A→T警察に　市民課Ｓ氏
A      ＜事情説明＞……
S      何かあったら連絡ください。
```

（２）関連情報、知識の取得

　ものごとに対して、正しい判断を下すためには、正しい前提事実と、それに関する正しい知識が必要です。

　たとえば売掛金は請求書を出しておけば時効にならないとか、交通事故には労災や健康保険は使えない[*1]などというような[*2]

第2章 言いがかり対処の技術

　誤った知識を前提としていては、正しい判断ができないことは当然でしょう。

　一般の人がこうした知識・情報をいつも正しく知っていることは不可能なので、ことに当たっては、各種公的な相談所などにおいて、正しい知識を得ておかねばなりません。

　どの情報が信用できて、どれが信用できないかの見極めが肝心ということです。

　弁護士などの専門家の意見が直接聞ければいいのですが、概ね役所や広く名前の通った大会社などの情報は信用に価し、世間の噂や、ちょっと詳しい人、何でも知っている人、過去に経験があるくらいの人の話は、参考にはなっても十分ではない、と考えておいた方がいいでしょう。

注　＊１　請求書は催告と言って６か月だけ時効を延ばすことができますが、それも１回だけです。
　　＊２　交通事故による治療に、労災・健保が使えないということはまったくありません。それを使うか否かは、すべて被害者本人の意思次第です。

2 — 交渉の技術

（1）窓口一本化

　交渉一般に言えることですが、交渉の担当者、窓口はキチンと決めて、その人だけが責任をもって交渉に当たるべきです。

　複数の人が別々に相手と交渉、連絡、話し合いをしていたのでは、混乱して話が進まず、相手に揚げ足取り、いいとこどりをされて不利になるばかりです。

　問題が複雑になり交渉が長引いてうまく進まない時、周囲の人が見かねて口を出したり介入したりすることがありますが、いい結果にはなりません。

　窓口、担当者の交替はキチンと引継ぎをすれば問題ありませんが、同時併行はいけません。また、相手が窓口を一本化せず、いろんな人がいろんなことを言ってくる場合には、対応に困るとして困惑される方もありますが、それはむしろ相手方の体制不備、矛盾であり、交渉としては当方に有利なこととして受けとめ利用することを考えます。

　相手が矛盾したことを言えば、こちらがいいとこどりをできるわけですから。

（2）代理人の選任

　代理人を立てて交渉することは、窓口一本化にも役立ちますし、当事者の感情面の問題（誠意云々など）を切り離すことができ、何が正当かという理の処理のためにも大変有益です。

　交渉は本来、対等・平等のスタンスでなければなりませんが、代理人を立てることによって、そのスタンスもとりやすくなります。

　本来こうした代理人は、弁護士が担当するのが理想ですが、身近に適当な弁護士がいなかったり、費用対効果の観点や経済的事情などから、弁護士を代理人に立てることが困難な場合もあります。

そこで、代理人を立てるとすれば、親戚の人とか、地域の有力者などが候補者となるわけですが、経験不足や当事者性の払拭不十分などから十分には機能していないのが実情でしょう。
　しかし、だからと言ってヤクザや暴力団等の反社会的勢力に頼むなどということは、より被害を拡大し、問題解決をむずかしくするのみならず、自身が強い社会的非難にさらされることになりますので、絶対にあってはなりません。

（３）会話法
①　情の会話と理の会話
　人間の会話は実はその大半を情が占めています。自分がどんなにひどい目にあったか、どんなに立腹しているか、相手がどんなにひどいか…あるいはどんなに楽しかったか、嬉しかったか…などなどです。
　納得・了解を目的とする情の処理の場合は、相手のそうした発言に対応し、同じレベルで話し合えばいいのですが、言いがかりレベルの交渉で、情の処理ができないとなればそれではいけません。
　相手の情の発言に対しては「十分に聞き置く」というスタンスに限り、相手の言っていることがいかに間違い、また片寄っていても、言い訳や説明などの発言は一切しないで、「ハー」とか「エー」程度の合いの手にとどめ誤解を受けるような相槌もしないよう注意しなければなりません。
　その中で問いかけられて発言せざるを得ない時でも、相手は同意を求めているだけで、決してこちらの意見を聞きたがっているわけではないのですから、たとえば、
「すみません、おたずねの内容をもう一度まとめていただけますか」
と聞けば、次の話に移ってしまい回答不要となるのが通常です。
　そして聞き終わったあと、たとえば次のように理の観点から伝えるべきことはキチンと伝えて整理し、会話を終えるように

しなければなりません。

「本日はお気持ちを十分にお伺いしました。これについてどのようにさせていただくかは、慎重に考えて、後日改めて御連絡いたします」

「私の考えを申しあげます。……の点は了解いたしました。すぐさせていただきます。……の点は御容赦ください。できません。……」

また、相手の発言の中に、直ちに対応しなければならない具体的要求がある時には、はっきりとその諾否について単刀直入に回答しておかねばなりません。

さらに、相手の要求に対する回答に際しては、それをあなたが「できるか否か」という観点からではなく、「するべきか否か」という観点から判断しなければなりません。

要約すれば、情の会話は、喜怒哀楽の感情の表現が中心であり、相手に共感を求めるものですが、理の会話は事実の伝達、意思の表示という内容であって、両者は住む次元を異にしています。

したがって、相手が情の会話の域にある時に、当方が理の会話により事実を伝えようとしてもまず正確には伝わりません。聞く耳持たずの心理状態なのです。

あとで必ず、

「そんな話は聞いていない」

と言われてしまいます。

理の交渉に当たってはこのことを十分認識し、どうしても伝えねばならないことは、改めて手紙を出しておくなど誤解の生じないよう細心の注意をする必要があるわけです。

② 位取り

人間関係においては、最初に接触した時に両者の位取りが決まります。

あいさつの仕方、言葉遣い、姿勢、顔つき、服装などその人

の器量のすべてが関係します。

　交渉において大切なのは、初めに対等・平等のスタンスでスタートすることです。

　道義的責任の伴うケースの当事者はそれができにくいので代理人を立てる必要があるのです。

　そして、最初から礼儀はつくすが、人間としては対等・平等というスタンスでものごとを裁けば、理の交渉となりますが、それができなければ困難です。

　たとえば次のような会話です。

「今すぐ出てこい」
（誤）　はい、すぐ行かせていただきます。
（正）　ちょっと待ってください。当方にも都合があります。合理的な時間と場所の打ち合わせをさせてください。

「貴様、俺は被害者だぞ」
（誤）　はい、申しわけありません。幾重でもおわびします。できる限りの誠意をつくします。
（正）　当方は正当な補償をさせていただこうとしています。話し合いについては対等・平等の人間として冷静にさせていただけませんか。

（4）文書の利用

　理の交渉においては、正当な内容の提案をしつつ、相手の要求には是々非々に対応して断るべきことはキチンと断り、約束したことは確実に実行していくこととなります。

　こうした手順を誤りなく踏んでいくためには、文書の利用が好ましいことはいうまでもありません。

　言葉のやりとりは日が経つにつれてあいまいになりますが、文書は日が経っても内容は不変でむしろ重きを増してくるでしょう。

話し合えばあとでできるだけ正確な議事録をつくり相手にも送付する、重要な提案は文書でする、こうしたことはビジネス社会では常識的なこととなっています。

　こうした文書の作成は苦手という人がいます。しかし、文書の作成は、専門の特別なことと考えるからむずかしくなるので、ありのままを、中学生にでもわかるように平易に書けばよいのです。むずかしい専門用語はまったくいりません。

　たとえば、下のとおりです。

日と時間　　平成26年3月10日
　　　　　　午後1時～3時
場所　　　　B宅
出席者　　　A_1、A_2、B
話し合いの内容
　　B　　A社の缶詰に釘が入っていて、子どもが口の中をけがをした。現物は捨てていない。
　　　　　100万円払え！
　　A_1　　いつ、どこで買われましたか？
　　B　　覚えていない。もう、わからない。
　　A_2　　診断書はありますか？
　　B　　病院に行ったが、診断書はない。
　　A_1　　あとで、いただけますか？
　　B　　金が要る。
　　A_1　　その診断書料は払います。

【結果】
　Bより診断書をA社に提出していただき、A社で検討して回答する。

---

3 — 電話・訪問撃退術

（1）電話

　嫌がらせの電話が頻繁にかかり、長時間しつこくあれこれ言われてノイローゼのようになる人がいます。
　しかし、それはあなたが電話について次のことを絶対的なことと考えているからです。
ⅰ　電話には必ず出なければならない。
ⅱ　相手の話は必ず聞かなければならない。
ⅲ　相手の話には必ず応答し、回答、説明をしなければならない。
ⅳ　電話は相手の了解がなければ切ることはできない。
　しかし、言いがかりの電話には上記ⅰ、ⅱ、ⅲ、ⅳはいずれもいつも必要とは限りません。
　いやなら留守電や番号表示システム、あるいは着信拒否設定を採用して出ないようにしてもいいし、番号を変えてもかまいません。また、嫌がらせの話など聞く必要もありませんから、受話器を離して聞かないでおくことも可能ですし、話だけさせておいて実質的な応答は一切しないこともできます。また、いつ切ることも自由です。電話は暴力をふるうわけではありませんし、相手からは見えません。
　対応のしかたはケースバイケースでしょうが、上記ⅰ、ⅱ、ⅲ、ⅳを絶対的なものと考えなければずっと気が楽になります。

（2）訪問

　何度も来られて帰らない、押しかけられるのが恐いということもよく聞きます。
　しかし、これも訪問を受けたら必ず家や事務所に入れて対応し、納得してもらうまで帰ってもらえないと考えてはいませんか。
　会うのがいやなら面会を断り、家に入れないことはあなたの

自由です。

　一旦入れてしまっても、帰ってほしい時はいつでも退去要求ができます。

　相手がこれらに反して押し入ったり、居座ったりすれば、住居侵入、不退去罪※3となりますので、警察を呼んで連れ出してもらえます。

　そうした強硬手段に出ると相手は大声を出したりして、近隣に恥ずかしいとか迷惑をかけるという心配もありますが、相手としてはこちらより数倍の時間と労力とリスクを伴うことですから、そうしたことは何度もは続きません。

「来られてもお会いできません」

「帰ってください」

を決然として言い、速やかに警察を呼ぶことです。

注 ＊3　**刑法130条（住居侵入、不退去罪）**
　　正当な理由がないのに、人の住居若しくは人の看守する邸宅、建造物若しくは艦船に侵入し、又は要求を受けたにもかかわらずこれらの場所から退去しなかった者は、3年以下の懲役又は10万円以下の罰金に処する。

4 — 交渉に役立つ周辺知識

（1）WHOの力学

　我が国の社会は、まだ集団思考的で、個々人が前面に出て責任をとるという風潮が稀薄で苦手です。

　話し合い、交渉においても同様で、組織の一員としての立場で、気楽に無責任に発言している場合がよくみられます。

　そうした時には相手に姓名をたずねて、個人の責任レベルに持ち込まないと真の交渉にはなりません。

　相手が何人いても必ず全員に姓名、連絡先を確認してから話し合いに入ります。ヤクザの場合は、この手続をとるだけでその牙の大半はそがれてしまいます。

　役所の人との交渉でも、納得できない発言のある時は、姓名をたずね、「あなたが役所を代表して責任をもってそう言っておられるのですね」とただせば、その人の顔色も局面もガラリと変わるでしょう。

　伝言を頼む時、相手の所属、姓名を確認すれば、その実効性は飛躍的に上ります。

　警察へ相談に行った時も、担当した人の所属、名前がわかっていると後で問題が生じた時には、その人に連絡をとれば事情がわかっているから対応はスムーズです。別の人となればはじめから全部説明しなければなりません。

　情報の面でもWHOの特定は重要です。

　よくある言葉ですが、「被害者から…の電話がありました」というような情報はWHOが不十分です。電話をしてきたのは誰か、それはいつか、被害者本人か、家族の者か、代理人か、電話を受けたのは誰か十分調査確定の必要があります。

　入れかわり立ちかわり、多くの人から嫌がらせ、不当要求などが電話である時、本題に入る前に相手の氏名、所属、連絡先を問いただせば、それだけで「もういいです」となってしまうこともあるくらいです。

（2）被害者意識

①　倫理観の麻痺

人は幼い時から、約束を破ってはいけない、嘘をついてはいけないなどの道徳、倫理教育を受けています。

しかし、一方的な被害を受けた時には、この倫理観が麻痺し、平気で嘘をついたり、虚偽の文書を作成・提出したりすることがあります。

筆者らの経験でも、普通の市民がいざ被害者となると乗ってもいないタクシーの領収証を提出したうえ、法廷でもそれに沿う偽証をしたり、休業損害やその他の損害に関する資料等でもいいかげんなものが出されることは少なくありませんし、ましてや口頭での要求に至っては、まったく根拠のないつくりごとに近いようなものは数知れません。

それらについて問いただすと、自分は被害者だと言って開き直り、それで正当化して悪びれないのです。

公務員や一流会社の幹部の人でも、この被害者意識の心理状態がこうじて、あまりにひどい言動をとっていたため、録音やメモによってその内容を正確に確定し、これを相手に示すことによって本来の倫理観をとり戻してもらい、事案が一気に解決された例もかなりあります。

被害者といえども、そのような行為は許されるわけはなく、それは被害者側の弱みとなって、むしろ当方にとっても反撃の好材料となります。

言葉遣いにしても、被害者となると相手方関係者に対し、貴様とかお前とか、ぞんざいな言葉を使うことがよくあります。交渉の基本から言えば、そうした態度は被害者にとって決して得策ではないのですが、これも被害者心理の一つです。

筆者らは、交通事故の被害者側から相談を受けた際には、加害者や保険会社関係者に対し、いかに厳しい内容の要求をしようとも、人との対応においては、人間的礼譲を失っては結局損ですよと指導しています。

② 王侯貴族症候群

　人は日常生活において数々の欲望を持ちながらも、自らの置かれた立場により、その欲望を制限しながら慎ましく暮らしています。

　しかし、一旦理不尽な被害を受けて、相手が土下座をして謝罪しなければならない立場となり、被害の回復のために全面的な責任を要求できるとなると、この欲望制御装置も麻痺して、たちまち王侯貴族であるかのごとき処遇を求めて当然という心理状態となります。

　特に、近時、日本人には寛容の精神が失われているとの指摘があり、１億総クレーマー時代などと揶揄されています。

　治療のため入院すれば、当然のごとく個室あるいはバス、トイレ、電話つきの特別室や付添人を要求するし、外出、通院にタクシーを使うのは当然ということになります。

　さらには、遠くにいい病院があると聞けばどこであれ、転院あるいは医者の派遣を求めるし、極端な例では通常の骨折治療について外国の病院での治療すら要求された例もありました。

　そして、この心理状態は、加害者側が大会社など大きくて資力があればあるほど強く出る傾向があります。

　損害賠償はいうまでもなく、加害行為によって通常生ずる損害、つまり、相当因果関係のある範囲に限られ、治療関係の損害についても、加害行為によるものであろうと自損事故によるものであろうと、当該被害者が通常受けるであろう範囲のものに限られるのであって、不当に贅沢な内容は賠償の対象とはなり得ません。

　したがって、こうした心理状態の強い被害者に対しては、早い段階でそうしたものは支払いできないことを明確に告げて、王侯貴族症候群から現実への覚醒をさせてやらねばなりません。

　多くの無駄な出費がなされてしまったあとでは、その後始末に双方が困ってしまうことになるのです。

③ 他人の懐勘定

　この心理状態は被害者に限ったことではありませんが、人は他人が支払うお金についてはほとんど関心がなく、役に立たないお金をたくさん使わせても、格別の痛痒を感じないというところがあります。

　これが被害者となると、加害者側に多額のお金を使わせて打撃を与えることが復讐心を満足させる結果となり、より強く出る傾向があります。

　交通事故で、さして必要もないのにレンタカーによる代車を用意させてその費用を加害者に負担させたり、健康保険を使用しないで高額の自費診療で長期間の治療を継続したりする例です。

　こうした例においては、この他人の懐勘定という構造を是正するため、代車料や治療費相当額を現金で被害者に内払いとして支払いし、被害者が自分のお金として、自らの判断で支払わせるという方策を講じるようなことが有効な場合があります。

（3）暴力団について

　言いがかりをつける人は、要求を通すためによく「暴力団を知っている」とか「知り合いの若い者を行かせる」「街宣車を行かせる」などといいます。

　しかし、市民間のこうした民事上の紛争に本当の暴力団が介入してくることは、ことに暴対法の施行以後皆無と言っていいでしょう。

　また、仮にそれらしい人間が現れても対等・平等の姿勢を失わず、是々非々の正当な対応をすれば何ら問題はありません。

　暴力団と思っただけで平常心を失い、別の暴力団に頼もうと考えたり、義理、人情で取り入ろうと考えたりするから、かえってのっぴきならないこととなるのです。

　暴力団と思って断り切れず、できもしない約束をしていまい、あとでその約束を破るようなことになれば、暴力団側もメンツ

をつぶされた形となり、引くに引けなくなってしまいます。できないことはできないと初めからキチンと回答しておけば、彼等もそれなりにおさめる対応をするものです。

街宣車なども、たしかにある程度のお金を出せば動かせるものらしいのですが、当方が毅然としていて屈する様子を見せなければ、動かす方も費用の無駄ですし、仮に動いても続きません。

言いがかりに伴うこうした脅しは無視するにかぎり、無視できないと思った時には、警察の協力を求める以外の選択は考えてはなりません。

脅しに対して困惑した態度を見せ、一部でも譲歩したりすると、相手はそれに味をしめて、要求をますますエスカレートさせ、結局紛争をより深刻化させて解決を困難にしてしまうことを知るべきなのです。

（4）警察の利用

かつて、警察は民事不介入と言って民事紛争がからむケースについては、その一方の当事者に加担しないことを原則としていました。

しかし、警察法第2条は、警察の責務として、次のように定めています。

「警察は、個人の生命、身体及び財産の保護に任じ、犯罪の予防、鎮圧及び捜査、被疑者の逮捕、交通の取締りその他公共の安全と秩序の維持に当ることをもってその責務とする」

したがって、一方で民事紛争があったとしても、それに関して個人の財産が侵されようとしていたり、犯罪行為の恐れがあればそれを保護、予防し、取締り、検挙するのは警察の責任であり、近時ことに暴対法施行以降は警察もかなり協力的です。

市民が不当な言いがかりをつけられて困っているとなれば、要請を受ければ警察は少なくとも現場に警察官を派遣して犯罪行為の発生を予防しなければなりませんし、居座ったりしてい

る時は不退去罪を前提として相手を帰らせてくれます。

　我々はそのような時のために税金を払っているのですから、困った時には遠慮なく電話してとにかく助けを求めればいいのです。

　言いがかりを受け困った時には、とりあえずは警察に相談に行き、アドバイスを求めると共に情報をつないでおくことが有益です。

　その時詳しいメモ、記録があればスムーズでしょう。

　こうして準備しておけば、警察もいざという時迅速に対応してくれるでしょう（この時話を聞いてくれた人の氏名、所属は必ずメモしてください）。

（5）監督官庁、マスコミ対策

　当方にミスがある時は、それによって監督官庁から処分を受けたり、マスコミに報道されて営業上の損失が出る恐れがあります。

　しかし、こうしたことを恐れて脅しに屈し、不当な金銭を支払うような選択をするようでは、もはやこの時代の経営者としては失格です。

　事実をきちんと調べて十分な対策を講じたうえ、むしろ積極的に届け出をしてしまえば、仮にミスなどがあったとしても我が国の精神的風土からしても処分も寛大となるでしょうし、マスコミもいたずらに言いがかりの片棒をかつぐようなことはしないものです。

　むしろ、不祥事を会社がひた隠しにしているとみられると、一旦露見した時に、氷山の一角とみられて大きな非難を受けることになるのです。

（6）弁護士の利用

　言いがかりに対処するには弁護士が最適です。

　弁護士は理による交渉の専門家であり、相手方としては最も

嫌がるものです。弁護士が受任通知を出しただけで、雲散霧消してしまう言いがかりも数多いのが実情です。

言いがかりを言ってくる相手方が、脅しのつもりで弁護士を立てるぞと言うこともあります。

当方にとっては願ってもないことであり、弁護士が相手方の代理人となれば、問題は必ず正当に解決されるのであって、正当な金銭の支払いは惜しまないとする当方にとっては、それだけで解決したも同然です。

筆者らは、本来解決を要する問題点を伴ったケースで相手がそう言えば、その着手金相当額を先払い（内払い）してでも弁護士に委任してもらうようにしているくらいです。

かつては、我が国の弁護士は欧米に比べて数も少なく、一般市民から見れば敷居の高い時代もありましたが、今では、このような状況もずいぶんと改善され、裁判のみならず、こうした市民生活上の諸問題への関与も仕事の一環として重要なことと考えて、適切に対応してくれる弁護士も増えてきています。

各地の弁護士会では市民相談窓口の充実に力を入れていますので、適当な弁護士を知らない方はとりあえず地元の弁護士会に電話を入れてください。そのルートであれば公のルートですから処理もキチンとしてもらえますし、料金も予め相談して公明正大、リーズナブルなものにしてもらえます。（全国弁護士会一覧・237頁参照）

（7）裁判所の利用
① 債務不存在確認訴訟

裁判所は、当事者の申立により裁判手続を通して紛争を解決する機関ですが、このような言いがかりについては、当方から債務不存在確認訴訟という手続をとることが可能です。

これは相手の要求が、法的に正当でないことを裁判所に確定してもらうという裁判です。相手の要求が過大である時、あるいはまったく理由のない時、いずれの場合でも可能です。

これは民事裁判手続として行うので、不当な要求の内容さえ確定できれば提訴が可能であり、裁判所はこれを受理して相手を口頭弁論に呼び出してくれ、相手がさらに要求を続けようとすれば、裁判所の手続の中でその正当性を主張、立証しなければならないこととなるので、言いがかり撃退の手段としては極めて強力で有効です。

② 仮処分

　相手方による電話、訪問等による嫌がらせが激しい時には、裁判手続によってその中止を求めることができます。
　しかし、正式の裁判手続は日数を相当要するため、緊急を要する時には別に仮処分手続によって、裁判所にそうした嫌がらせの中止をすみやかに命じてもらうことも可能です。

③ 調停

　調停とは、一方の申立によって簡易裁判所が双方を呼出し、地域の有識者が裁判官の指導の下に調停委員として紛争当事者双方の言い分を聞き、紛争解決の斡旋をしてくれるものです。
　裁判所が相手を呼出し話を聞いてくれるので、相手も不当なことは言いにくくなり言いがかり撃退にはかなり有効です。
　この手続は、専門の弁護士を立てなくても、裁判所に行って相談すれば簡単に手続を指導してくれます。

第3章 言いがかり事例集

Ⅰ　嫌がらせ一般
Ⅱ　詐欺的商法
　　―契約成立偽装
Ⅲ　詐欺的商法
　　―意に沿わない契約
Ⅳ　詐欺的商法
　　―儲け話
Ⅴ　詐欺的商法
　　―振り込め詐欺(パニック誘導型詐欺)
Ⅵ　詐欺的商法―ヤミ金
Ⅶ　金銭上のトラブル
Ⅷ　営業上のトラブル
Ⅸ　日常生活上のトラブル
　　―近隣関係
Ⅹ　日常生活上のトラブル
　　―住宅関係
Ⅺ　日常生活上のトラブル
　　―その他
Ⅻ　損害賠償
ⅩⅢ　男女関係のトラブル

Ⅰ. 嫌がらせ一般

Ⅰ-①

Q 弁護士に相談したいのですが

弁護士に相談、依頼したいのですが、知った人はいないし、いくらかかるのか心配です。

A まず弁護士会に連絡を

　弁護士の料金は高いし、容易に頼めないと考えておられる方が多いようです。

　弁護士の料金は、弁護士の仕事によって依頼者が得られる利益に応じて決められますので、不動産や手形などで高額のケースは料金も高くなりますが、本書で取り扱うような嫌がらせのケースでは、それほどのことはありません。

　各地の弁護士会や市町村役場では、最近、事案に応じた各種の相談窓口を充実させ、無料や安い料金での相談活動に力を入れていますし、弁護士が委任を受ける場合にも一般市民の方が納得できるような料金でやれるよう種々の制度がつくられています。これらの料金はあらかじめ、あなたに示され、あなたが納得して初めて手続きが開始されますから、思いがけない請求を受けることはまったくありません。弁護士会の規則上、委任契約書の作成も義務づけられていますので、安心です。

　法律扶助という制度が使えれば、費用はすべて日本司法支援センター（法テラス）が立て替え払いをしてくれて弁護士に依頼することができます。

　嫌がらせ、言いがかりで困ったら、とりあえず弁護士会（資料237頁）に電話して相談してください。その電話に弁護士が出ても、料金をとられることは絶対にありません。安心してください。

I-②

Q 執拗に要求される

何度も家や会社に来たり、電話してきて同じ要求を長時間繰り返します。

A 会わない、話さない

極力相手にしないことです。

総論の第2章3（31頁）を参考としてください。

もう相手にしても仕方がないという状況になればはっきり断り、家にも会社にも入れず門前払いとしてください。

会社なら勝手に入ってくることもあるでしょうが、帰らないときはすぐに警察に通報して退去させてください。

とにかく会わない、話をしない、帰ってくれのみを繰り返し、他のこと（過去の経緯や交渉のこと）は一切触れないでください。その話になってしまうと交渉になり警察も手が出せません。

電話がかかってきても相手にしません。「もう話すことはありません」と言って切ってもいいし、一切応答しないでしゃべらせておくというのも方法です。

ただ、解決すべき問題があり、それが未解決の場合は窓口だけはつくっておく必要があります。代理人を立ててそこのみを連絡先とするなどです。

撃退ワンポイントアドバイス

- 「お話することはありません」
- 相手にしない、話をしない、NOのみで対応

第3章 言いがかり事例集 I 嫌がらせ一般

I-③

Q 帰らせないと言われ、強引に署名させられた

要求を飲むまで帰らせないと言われて、強引に署名させられました。

A 監禁されて書いたものは無効

　法律では約束を守らなければなりませんが、それは自由な意思の下の約束でなければなりません。ピストルやナイフを突きつけられて書かされた文書は自由な意思によるものではなく無効ですし、言葉で脅されて書かされたものは無効かまたは取消可能です。

　設問の事例でも、署名させられた文書の内容（どの程度不公平なものか）、署名に至るまでの経緯（場所・時間・関係者の人数・やりとりなど）によって無効・取消可能か有効かが決まります。

　帰らせないとは言われていても言葉だけで、帰ろうと思って行動すればできたとすれば有効に近くなるし、帰ろうとしても押し返されたりしていれば無効に近いでしょう。

　人間の行動の自由は刑事手続でない限り拘束できないのですから、帰らせないと言われても相手にはそんな権利はありませんから帰るのは私の自由として立ち上がり、出口に向うなど帰る行動をとってください。それを相手が物理的に制止したら今度は相手が逮捕、監禁罪となりますし、それからつくられた文書は全部無効です。

　自由を拘束されたのなら抵抗しませんという態度で何でも相手の要求に応じ、解放されたらその足で警察か法律事務所に駆

撃退ワンポイントアドバイス

- まず、帰ろうとする態度・行動を
- 「帰していただけないのなら、何でもいう通りにします。どうすればいいですか」
- ただし、解放されたらすぐ警察へ

けつけてください。

I-④

Q 帰らないと居座られ、強引に署名させられた

要求を飲むまでは帰らないと言われて、家に居座られて強引に署名させられてしまいました。

A 住居侵入で警察に通報を

Ⅰ-③（44頁）のケースと基本的には同じ考え方です。

場所があなたの家や事務所だとすれば、あなたはいつでも相手の退去を求める権利があります。相手がそれに応じなければ不退去罪*1として犯罪が成立します。

あなたは警察に通報して相手を連れ出してもらえます（第2章3(2)／31頁）。

しかし、あなたがその手続を一切とらずに署名してしまったとすれば、その文書の内容やそれに至る経過にもよりますが、本来そういう方法があるのに敢えてしなかったとして自由意思によるものと認められるおそれがあります。

また、訪問されたとき初めから家に入れないこともできます。玄関を閉めてカギをかけ、中から「お会いしません。お帰りください」と言ってください。それでも帰らないときはすぐ警察に通報してください。もし戸を壊して入ってくれば器物損壊、住居侵入の犯罪です。

不当な要求には、こうした権利を十分使って対抗してください。そうでないと、断れば断れたのに断らなかったあなたに責任が発生しています。

撃退ワンポイントアドバイス

- 「お帰りください」
- 相手を家に入れないこともできる
- 不退去罪として警察に連絡を[*1]

注 ＊1 刑法130条（住居侵入、不退去罪・32頁参照）

I-⑤

Q 金を払わなければ街宣車を差し向けるなどと脅す

お金を払わないと街宣車を差し向ける、若い者をやる、会社に行くなどと脅されています。

A 脅しは無視、断るものは、はっきり断る

　悪質な名簿商法や通信販売などでよく発生していますが、言いがかりでは定型のような脅し文句です。

　善良な市民はそうした言葉にすぐ震え上がり、おろおろし、お金で済むなら払って解決したいと考えてしまいます。

　言いがかりをつける人達はそれを狙ってこのようなことを言うのですが、実際にはそのような行動がとられることはまずありません。ポーカーゲームで、大した手でもないのに大きな手のようなふりをして相手をおろしにかかる、あの手です。

　街宣車にしても、若い者にしても、会社におしかけるにしても、それを実行するとなると相当な費用（街宣車は1日5万円といわれています）と手間・時間が必要となり、また警察の介入を招く危険もあります。

　したがって、政治・思想的背景や命がけの恨みでも伴ったケースでない限り、そうした言葉は単なる脅しに過ぎません。

　しかし、脅しに過ぎなくてもあなたがそれに怯えていると知ると相手はさらにかさにかかってきます。そこでこうした脅しはまず無視して取り合わず、「とにかく御要求には沿えません。お金を払うつもりはありません」とテーマ事項への回答だけをクリアにしておくことです。相手は、脅しの効き目がないと感じると無理なことはしないものです。

撃退ワンポイントアドバイス

- 「お金を払うつもりはありません」
- 街宣車にはお金がかかるのでほとんどの場合は、単なる脅し

Q 金を払わないなら、差し押さえると脅す

お金を払わないと差し押さえる、家屋敷をとり上げる……と脅されています。

A 裁判所の命令なしに差し押さえできない

　正当なお金を支払わないと裁判手続で支払いが命令され、それでも支払わないと強制執行としてあなたの財産が差し押さえられ、家屋敷が競売されることはあります。

　しかし、それは裁判所の手続きで、相手の要求が正当であると裁判官が認めた場合に限られ、よほどのことがない限りあなたの言い分も聞かずにそうしたことが行われることはありません。また、そうなるにはかなりの日数が必要で裁判所からも連絡が来ますから、あなたの方でも対抗する機会はいくらでもあります。

　したがって、言いがかりでそんなことができるわけもなく、安心して聞き流しておいてください。

　なお、仮差押というのは迅速にかつ予告なしに突然されることがあります。しかし、これも裁判所がチェックしていますから言いがかりのようなことでされることはありませんし、仮に相手が裁判所をだまして手続きしたとしても、仮差押というのは財産を処分できなくするだけのもので直ちに取りあげられてしまうものではなく、不当なものならすぐ裁判所に説明して取り消してもらうこともできます。

　また、家の明渡しや引渡しなどはどんな理由があっても、あなたにも十分に弁解や対抗の機会が与えられたあとでの裁判所の正式な命令がない限り、あなたが住んでいる家から強制的に

撃退ワンポイントアドバイス

- 「あなたのしていることが正しいと思われるのなら、早く裁判所に行かれたらどうですか」

追い出されることはありません。

しかし、脅しに屈してあなたの方から出ていき引き渡してしまえばそれまでです。あわてて軽はずみなことはせず、じっくり腰を落ちつけて、弁護士など信用のできる専門家の意見を聞いてだまされないようにしてください。

I-⑦

Q 政治団体への寄付を強要されている

ある政治団体の人と思われる人から電話がかかってきて、政治問題への意見を求められ、適当に調子を合わせていたところ、「その気持ちがあるのなら運動への寄付を！」と多額の金銭を求められ、その後は、脅迫・嫌がらせを受けています。

A 断るのみです

　これもⅠ-⑤（48頁）と同様にいろいろ言わずに、「私はその運動に寄付する気持ちはございません」とはっきり、断固として断ること、それだけです。相手も、見込み、成算がなければ、それ以上は追及しません。あなたが困り果てた様子で、「いくらか払って」などと考えると、相手もこれはいけると期待して徹底的な攻撃を受けることとなってしまいます。

　政治に関する意見はそれぞれあり、あなたの政治的意見と同調できる人が何らかの政治団体を結党していたとしても、あなたがそこに寄付をするかしないかは話は別です。

　政治的意見に同調できると言ってしまった場合であっても、それとこれとは話は別だと言って断ることです。その際、活動内容や使い道等を聞いても話に引きずられるだけですから、寄付するつもりがないなら早々に話を切るべきです。

　脅迫されているのであれば、弁護士に頼むのも一方法です。

撃退ワンポイントアドバイス

● 「私は寄付するつもりはありません」　それだけです

II 詐欺的商法——契約成立偽装

詐欺の中でも、日本人の人の良さにつけ込んで、正式には契約は成立していないのに勝手に契約が成立したなどとして、金銭をだまし取る手法があります。

以下に挙げる紳士録詐欺は定番ですが、最近はインターネットにおけるワンクリック詐欺なども横行しているようです。

II-①

Q 紳士録への掲載を強要されている

部長に昇進した直後、興信所と名乗る者から「紳士録に掲載されることになった」と連絡があり、名刺と略歴を送ったところ、高額の紳士録代を請求され、やむなく支払いました。そのあと、毎年購入を強要され、困っています。

弁護士名で通知すれば効果大

　この種の詐欺的商法が大変にはやっています。手口はいろいろですが、共通しているのはしつこく何度も要求があり、会社へ押しかけてくるとか街宣車を差し向けるなどと脅すことです。

　しかし、対応は簡単です。はっきり断固として断る。それだけです。資料集に掲げたような断り状（224頁）を出すのも有効でしょう。あまりしつこければ、知り合いの弁護士に依頼して、その名前で断ればその効果は絶大です。彼らも、その行為に根拠がないことは認識しており、弁護士のような専門家の名前が出ると、もう、だまし取れないことを知っているのです。

　また、これらのグループは横の繋がりもあり、1回でも支払いをするとおいしいお客様として、次々手を替え品を替え要求されることとなってしまいますから、最初が肝心です。

　彼らは、だまし、言いがかり、脅し、すかしのまさしくプロです。実に巧妙に威圧をかけ、金銭の支払いを求めます。あな

撃退ワンポイントアドバイス

● 「おっしゃることについて弁護士に相談しました。その結果、支払い義務なしとのアドバイスを得ましたのでお断りします」

たには、実は何の弱みも責任もなくても、あたかも金を払うのが当然で、それを払わなければ制裁を加えられても仕方がないという言い方をし、善良な市民をその気にさせてしまいます。この手で何百万、何千万と脅し取られた人がたくさんいます。こうしたことで困ったら、お金を払う前に、必ず弁護士に相談してください。驚くほどあっさりと、解決します。

注 ＊　紳士録関連記事
▽紳士録削除費用名目に10億円をだまし取る
紳士録から削除する費用名目に、東京都千代田区内の食品販売会社が、大手企業の役員などから総額500万円をだまし取った疑いが強まり、警視庁捜査4課と中央署は18日、詐欺容疑で同社の社員ら十数人の事情聴取を始めるとともに、同社本社など、四十数カ所を家宅捜索した。同課は全国で数百人から総額約10億円をだまし取ったとみている。
調べでは、同社社員らは1997年ごろから、市販されている紳士録の掲載者に電話をかけ、「紳士録から名前を削除するならキャンセル料金が必要」などと架空の話を持ちかけ、削除料として数人から計約500万円をだまし取った疑いが持たれている。
同社社員らは、複数の会社名を使って掲載者に電話をかけるなどの手口で、削除料を詐取していたとみられる。
国民生活センターによると、紳士録・名簿をめぐる相談件数は93、94年ごろから急増。96年度2844件▽97年度3004件▽98年度1717件（集計途中）の相談が寄せられている。中にはダイレクトメールで届いた予約確認書の「次回以降購読継続」欄に購入打ち切りと記入すると、「これまでの掲載料を支払え」と要求した悪質なケースもあるという（毎日新聞1999年2月18日）。

▽兵庫県警、紳士録の掲載めぐり、詐取容疑で5人逮捕。
市販の紳士録の掲載を打ち切る手数料の名目で一千万円余りをだまし取ったとして、兵庫県警暴対2課などは、詐欺容疑で東京都在住の無職の男5人を逮捕、東京・池袋の事務所など関係先15カ所を家宅捜索した。同様の手口による被害者は全国で約2500人、被害総額10億円に上るとみられる（日本経済新聞1999年4月17日）。

Ⅱ-②

Q 複数の紳士録から請求がきた

「昇進おめでとうございます」という電話があり、1冊2万円の紳士録を購入したところ、市販の紳士録のコピーだけが届いて別に掲載料がいるということで再三請求を受けました。わずらわしいので掲載打ち切り料の支払いに同意したところ、別の出版社からも「うちでも掲載しているから」と同様の金銭を求められキリがありません。

A 言いがかりに屈すると同業者の集中攻撃を受けるので要注意

　Ⅱ-①（53頁）で述べた通りです。あなたが、あらかじめ金額も納得して注文したもの以外は、支払義務はないのです。何を言われようとも、はっきり、断固、断ってください。

　資料集224頁の断り状を使ってください。

　言いわけ、説明は無用です。困ったら、早く弁護士に相談してください。弁護士の手紙1本で解決します。

　この種の詐欺グループは、互いに情報交換をして言いがかりに弱い人に言葉巧みに集中的な攻撃をかけ、何百万、何千万円をだましとっていましたが、最近は、時代の流れか、やや下火になり、他の手法を用いた詐欺のグループが盛んに活動しているようです。

Q 注文した覚えのない健康器具を送りつけてきた

雑誌広告のアンケートハガキを出したら、注文もしていない健康器具が送られてきて、『購入されない方は1週間以内に返送を。返送のない場合は購入されたことになります』と書いてありました。このまま放置して大丈夫でしょうか。

A 何もしなくてよい

　契約は、当事者間の合意＝意思表示の合致によって成立します。こうした商品の売買もまったく同じです。業者がいくら「売ります」という意思表示（契約の申込みといいます）をしてきても、こちらが「買います」という意思表示（契約の承諾といいます）をしない限り、契約は成立しません。ですから、勝手に健康器具を送りつけてきて『返送しない場合は契約が成立したものと見なす』と書いてあっても、そのような契約は成立しないのです。

　健康器具の保管ないし後始末ですが、健康器具を勝手に送ってきたのですから、捨てるなりなんなりして処分したいところですが、他人の所有物であることは間違いないので、理由なしには処分できません。ではその保管はどうしたらよいのでしょう。問題のあるところですが、この場合には、あなたは健康器具につき自己の財産と同一の注意義務を負っていると考えて保管しておけばよいでしょう。つまり、あなたが自分の財産について通常行う管理方法に従い保管すべきで、具体的には家の中の、雨ざらしにならないような場所に置いておけば足りるでしょう。

撃退ワンポイントアドバイス
- 14日以上たてば捨ててもよい
- 業者には「買わない、すぐ取りに来い」と言えばよい

　理論的には、あなたがそれを受け取ったときには、業者が勝手に購入を求めて送ってきたものとは知らなかったのですから、業者のために預かったとは言えないので、民法上の事務管理は成立しませんが、無償受寄者として保管義務（民法659条の類推適用）は負うものと考えます。この場合の保管費用は、理論的には業者に対して請求できることになります*1、*2。

●あなたに「返送義務」はない

　そして、業者から連絡が入れば、契約には承諾しない旨を告げてください。これだけで結構です。『購入されない方は１週間以内に返送を。』とあってもあなたに返送義務はないので、明確な拒絶の意思表示だけで十分です。商品が送付された日から14日が経過したら、健康器具を捨てるなりなんなりあなたの自由に処分してください。法律は、このようないかにも売買契約が成立して正当な代金請求権を有しているかのような申し向けをして、お金を取ろうとする詐欺的な商法から国民を守るために、商品が送付されてきた日から計算して14日を経過する日までにあなたが購入について承諾をせず、業者が引取りにこない場合は、業者には健康器具の返還を請求する権利がなくなるものと定めているのです*3。

　なお、この法律に言う「引取り」とは現実に業者が引取ること（つまり取りに来ること）が必要で、郵送料を負担するので返送してくれという通知を業者がしただけでは引取りをしたことにはなりません。消費者にとって非常に有利な規定なのです。

さらに、あなたが業者に対して健康器具の引取りを請求した場合には、引取りを請求した日から7日を経過する日までに業者が引き取りにこなければ、上記同様あなたの自由に処分してください。この場合も法律は業者の返還請求権が喪失することを認めているのです。この場合、後日の証拠としては内容証明郵便が一番良いでしょう。

　このように、このケースでは、売買契約は成立しておらず、業者には代金支払いを請求する権利はまったくないのですから、きっぱり断ってください（第1章3／13頁参照）。そして、上記7日ないし14日が経過した後は健康器具を処分してください。保管費用は請求せずともいいでしょう。理論的には請求できることは既述のとおりですが、そこまでいうとトラブルが大きくなってしまうでしょう。

　自分の家にわけのわからない物があり処分したいが、捨てるにも忍びないというのであれば、送料着払いで返送してしまっても差し支えないでしょう。返送はあなたの法律上の義務ではありませんが、そうするのが無難でしょう。

　ゆめゆめ契約が成立したなどとは思わないことです。

注 ＊1　民法665条（以下の民法650条を準用）
＊2　民法650条1項（受任者による費用等の償還請求等）
受任者は、委任事務を処理するのに必要と認められる費用を支出したときは、委任者に対し、その費用及び支出の日以後におけるその利息の償還を請求することができる。
＊3　特定商取引に関する法律59条1項（売買契約に基づかないで送付された商品）
販売業者は、（申込みをしない者に商品を送付したり、申込品と異なる物を送付したときは）その商品の送付があつた日から起算して14日を経過する日（その日が、その商品の送付を受けた者が販売業者に対してその商品の引取りの請求をした場合におけるその請求の日から起算して7日を経過する日後であるときは、その7日を経過する日）までに、その商品の送付を受けた者がその申込みにつき承諾をせず、かつ、販売業者がその商品の引取りをしないときは、その送付した商品の返還を請求することができない。（要旨）

Ⅱ-④

Q 通信講座を申し込んだら、次々と新しいものを送付してきて高額の請求を受けている

私は先日、資格試験の入門段階の通信講座を申し込みました。あまり効果が感じられなかったので、別の業者の講座に変えようと思っていたのですが、最終回に近くなりテストの回答を送ったところ、採点結果に加えて次のステップの講座の教材とともに高額の請求書も送られてきました。請求どおり支払わなければならないのでしょうか。

A 支払う必要はない

あなたが次のステップの講座の申し込みをしていない場合は、支払義務のないことは、Ⅱ-①、②（53頁〜）の場合とまったく同じです。

しかし、こうしたケースでは、初めの申込み書類の中のどこかに、入門段階が終われば自動的に次のステップも申し込むような文章が書かれていることがあり、業者はそれを理由にします。

あなたが初めからそれを承諾していたのならともかく、小さな字で気づかないようなところに書かれていたのなら、法律上はその効力・拘束力は否定できるでしょうし[*1]、そうでなくても、その都度クーリングオフができるなど色々方法があり、断ることは可能です。こうした業者は押しかけるとか会社に行くとか色々嫌がらせもするでしょうが、とにかく断固として断ってください。

こうした言いがかりの特徴として、少し払って解決しようというような軟弱な態度がいちばんいけません。おいしい人、い

撃退ワンポイントアドバイス

● 「払うつもりはありません」それだけです

いカモとして、次々と攻撃目標にされてしまいます。

この手でも、やはり何百万円もの支払いをさせられ、不必要な教材を山のように送付されて、置き場所にも困るという笑えない話がたくさんあります。

しかし、彼らには電話で脅かして払わせるだけしか手段はなく、それができないとなると次の手はありません。見込みがないと思わせれば勝ちです。

注　＊1　消費者契約法3条1項（事業者及び消費者の努力）
事業者は、……（中略）……消費者契約の締結について勧誘をするに際しては、消費者の理解を深めるために、消費者の権利義務その他の消費者契約の内容についての必要な情報を提供するよう努めなければならない。

Ⅱ-⑤

Q 勝手に送ってきた商品を家族が使ってしまった

頼みもしない健康器具が送られてきて、家族が知らずに開封して使ってしまいました。セールスマンが来て、使った以上は買い上げてもらうと凄みますが、高額なので、返品して何とか断りたいのですが。

A 契約は成立しない。購入義務もない。7日ないし14日経過前でもほとんど賠償の要なし

　58頁でも説明しましたように、あなたが売買契約の承諾をせず商品の引き取りを請求した日から7日ないし商品の送付から14日が経過しているのであれば、業者の健康器具の返還を求める請求権が消滅することになりますので、業者の言い分は、まったくの言いがかりとなります。

　ですから、この場合、はっきりと応じない旨を相手に伝えてください。

　では、上記7日ないし14日が経過していないうちに、業者が引き取りに来たが、その時には商品を開封して使用してしまっていたという場合はどうでしょうか。

　この場合、あなたには受け取った商品を保管する義務が発生しており、家人が勝手に使ってしまったとなるとその保管が不十分であったとして管理上の責任を問われることにはなるでしょう。

　しかし、それは使ったことによる商品価値の下落の範囲であって、購入義務が発生するものではありません。勝手に送ってきた方も悪いのですから、あなたの責任の範囲はわずかなもので、壊したりしていなければ、ほとんど責任をとる必要もあ

りません。現物をそのまま返せば十分でしょう。心配しないで、きっぱり断ってください。

　相手は、開けて使ってしまえば「商品価値は半減あるいはほとんどなくなる」「払わなければ裁判する」などと言うでしょうが、気にする必要はありません。

「どうぞ、ご勝手に」で結構です。

撃退ワンポイントアドバイス

- 「購入しません。お引取りください」
- 14日以上経過していれば
  「お帰りください」だけでもよい

II-⑥

Q インターネットでクリックしていたら支払いを請求された

インターネットで、クリックしていたら「あなたのユーザー情報は登録されました。会費▲▲円をお支払い下さい。」などのメールが来ています。

支払わなければならないのでしょうか。

A 支払う必要はありません。無視して下さい。

　法律的には、電子消費者契約及び電子承諾通知に関する民法の特例に関する法律[*1]により、ワンクリックでは契約は成立しないことになっており、「契約成立ですがよろしいですか。」等の画面を見つつ、よほど、何回もクリックしたのでなければ、契約は成立していません。

　なお、心配なら、弁護士に相談することをおすすめします。ただ、相手方の住所氏名もわからないのが通常ですから、メールアドレスを変更することで終わりとなることが通常でしょう。

　ちなみに、「支払わなければ裁判して取り立てます。」と言いながら「今払うのなら、サービスとして、半額にしておきます。」「住所氏名等を入力して下さい。」等の甘言メールが送られてくることがあります。そもそも、コンピューターを接続しただけで、相手方に貴方の個個人情報が伝わることはなく、貴方が進んで情報を登録することで、さらにエスカレートしてくるので、こういった指示に対応して、個人情報を相手に伝えてしまうのは最悪の対応と言えます。

　もちろん、こうした対応を間違って、相手の請求がエスカレー

トしたとしても、あなたに責任が発生することはありませんが、弁護士に相談して対処することが、解決の早道といえるでしょう。

撃退ワンポイントアドバイス

●無視する。これだけです。

注 ＊1　電子消費者契約及び電子承諾通知に関する民法の特例に関する法律3条
民法第95条 ただし書の規定は、消費者が行う電子消費者契約の申込み又はその承諾の意思表示について、その電子消費者契約の要素に錯誤があった場合であって、当該錯誤が次のいずれかに該当するときは、適用しない。ただし、当該電子消費者契約の相手方である事業者（その委託を受けた者を含む。以下同じ。）が、当該申込み又はその承諾の意思表示に際して、電磁的方法によりその映像面を介して、その消費者の申込み若しくはその承諾の意思表示を行う意思の有無について確認を求める措置を講じた場合又はその消費者から当該事業者に対して当該措置を講ずる必要がない旨の意思の表明があった場合は、この限りでない。
一　消費者がその使用する電子計算機を用いて送信した時に当該事業者との間で電子消費者契約の申込み又はその承諾の意思表示を行う意思がなかったとき。
二　消費者がその使用する電子計算機を用いて送信した時に当該電子消費者契約の申込み又はその承諾の意思表示と異なる内容の意思表示を行う意思があったとき。

　民法95条だたし書は、「表意者に重大な過失があったときは、表意者はその無効を主張することができない。」と規定し、重大な過失があれば、無効主張ができないことになっているが、本法律では操作ミスとか、重複注文等明らかなミスがあっても、契約が成立していないことを主張することができることになっている。

III 詐欺的商法──意に沿わない契約

契約したくもないのに、言葉巧みにあるいは強要まがいに契約を勧められ、ついつい印鑑を押してしまうことや、家族が誤って代金等を支払ったりすることもあります。そのような場合の対処方法をあげてみます。

III-①

Q 高額の通信講座に申し込んでしまった

17歳の娘が、街頭でアンケートに協力してほしいと呼び止められ、営業所に連れ込まれて3人がかりで強引に英語の通信講座に加入させられたと言います。50万円も請求されたので、なんとか解約したいのですが。

A 受け取り後8日間は無条件に解約可能

この場合、2つの道があります。

1つはいわゆるクーリングオフです。クーリングオフとは、訪問販売などによる方法により売買契約等を締結した場合に、業者は契約の内容等を記載した書類を交付する義務があるのですが、購入者はその書類を受領した日から8日を経過する日までに申し込みの撤回もしくは契約の解除を行うことができるという内容の権利のことです。このクーリングオフの権利が購入者等にあるときは業者は購入者に渡す書類にそのことも記載しなければならないことになっています。

この規定は、原則として営業所以外の場所での契約が前提ですが、質問の場合のように、営業所以外の場所で呼び止められて営業所等に同行させられ契約を締結することになった場合も訪問販売ということになりますので、書類を受け取って8日が経過していなければ、解約の文書を発送することにより、無条件で解約できます（229頁の文例参照）。

撃退ワンポイントアドバイス

- ●文書で発送「○月○日申込みした契約をクーリングオフにより解約します」
- ●「未成年の契約なので取り消します」

　文書には、契約した人の住所、名前、商品名、解約することをはっきり書いて、相手の住所に発送すればOKです。ただし、必ずコピーを残してください。教材をすでに受領している場合には、代金着払いで返送してください。

　引き取り費用は業者の負担となります。

　もう一つは、クーリングオフができなくても、当人が未成年者ですから、民法の規定により法定代理人(親権者)[*3]が契約を取り消せます。これもそのように文書を書いて相手に通知し、教材を返送してください。

注　*1　特定商取引に関する法律9条1項(訪問販売における契約の申込みの撤回等)
……(申込者等)は、書面によりその売買契約……の解除を行うことができる。……申込者等が第5条の書面を受領した日……から起算して8日を経過した場合……においては、この限りでない。

*2　特定商取引に関する法律2条1項
この章……において「訪問販売」とは、次に掲げるものをいう。
一　販売業者……が営業所、代理店その他……以外の場所において、売買契約の申込みを受け……行う商品……の販売……。
二　販売業者……が、営業所等において、営業所等以外の場所において呼び止めて営業所等に同行させた者その他……から売買契約の申込みを受け、……売買契約を締結して行う商品……の販売……。

*3　民法5条(未成年者の法律行為)
未成年者が法律行為をするには、その法定代理人の同意を得なければならない。ただし、単に権利を得、又は義務を免れる法律行為については、この限りでない。
2　前項の規定に反する法律行為は、取り消すことができる。
3　(略)

III-②

Q 高額の化粧品などを買わされた

高額の化粧品、装身具、下着、包丁、なべかま、などを買わされ、クレジット契約をさせられてしまいました。よく考えたら無駄なことなので、何とかなりませんか。

A クーリングオフの記述をチェック

　これらの商品は、割賦販売法、特定商取引法において指定商品と呼ばれ、これらの法律の適用を受けます。

　これらの商品をあなたの家など、営業所以外の場所で購入していれば、契約書をよく見てください。小さい字ですが、どこかにクーリングオフのことを書いた部分が見つかるはずです。クーリングオフ制度は、十分に商品を検討せず（できず）、セールストークに乗って契約した（させられた）ような場合に契約書を渡されてから8日間は無条件に取り消すことができる制度で、その期間内に書面で契約の撤回を意思表示することで成立します。あなたが契約書を受け取った日を含めてまだ8日経過していないならば、すぐに契約を撤回する旨の文書を売り主またはクレジット会社に送りましょう。これで、契約の撤回ができます[*1, *2]（III-①／65頁参照）。

　8日間をすぎて、法的には契約の撤回ができないとしても、しまったと思ったらとにかくクレジット会社に連絡することです。クレジット会社から販売会社に売買代金が支払われていない場合であれば、クレジット会社も紛争に巻き込まれるのは望みませんから、販売会社になんとかしろと圧力をかけることもあり、うまく契約解除できる可能性が広がります。逆に支払われてしまうと、なかなかうまく交渉できません。クーリングオ

撃退ワンポイントアドバイス

●書面で「クーリングオフにより契約を解除します」
●同時にクレジット会社に連絡、支払い停止を

フの8日間に限らず、速さが大事なのです。

ただ、化粧品や下着の場合は、これを使ってしまっていれば、その分（単品）についてはクーリングオフはできません。使ってしまってはどうしようもないということです。

たちの悪い業者は、現場ですぐ商品を使わせようとしますが、この理由によるものです。

営業所などで、これらの物を買わされた場合、あなたの意思で買ったとすればクーリングオフ制度は利用できません。あり得るとすれば、詐欺（＝だまされたこと）に基づく契約の取消し、錯誤（＝勘違いした）に基づく無効といった民法上の一般原則による救済と消費者契約法4条[*3]に基づく契約の取消です。

実際上立証していくのには困難を伴うことが多いでしょうが、あまりに高額でひどいときには可能性があります。この場合でも、とにかくクレジット会社に連絡することです。前述のように、クレジット会社が支払いをしていなければ、その圧力により道が開ける可能性もあるのです。

注 ＊1　割賦販売法35条の3の10第1項（個別信用購入あっせん関係受領契約の申込みの撤回等）
（前半略）「申込者等」……は、書面により、申込みの撤回等……を行うことができる。ただし、前条第三項の書面を受領した日……から起算して八日を経過したとき……は、この限りでない。……
2　申込みの撤回等は、前項本文の書面を発した時に、その効力を生ずる。
3　申込みの撤回等があった場合においては、個別信用購入あっせん業者は、当該申込みの撤回等に伴う損害賠償又は違約金の支払を請求することができない。
（以下略）
＊2　特定商取引に関する法律9条（66頁参照）
＊3　消費者契約法4条1項（74頁参照）

III-③

Q 勝手に送付されてきた商品の代金を家族が支払ってしまった

勝手に送付されてきた商品の着払いの代金を家族が間違って支払ってしまいました。

A クーリングオフがだめでも錯誤無効で代金返還要求を

　前述のように、注文もしていないのに勝手に商品を着払いで送ってくる業者があります。

　妻が夫あてに届いた商品について、夫が申し込んだものと思い込んで払ったり、孫あてに届いたものを祖父母が払ってしまったりということを狙っているのです。

　あるいは、いったん申し込んだ後キャンセルしたのに、強引に送ってくることもあります。

　着払いという心理的圧力を利用しているわけです。

　こうしたケースでは、業者側は商品を送付することで売買契約の申込みをしたのでしょうが、家族の方の代金支払いはまったくの勘違いによるものですから、契約の承諾の効果はなく、この支払いだけでは契約は成立しません。

　そこで、だまされたことに気づいたら、すぐにその旨を業者に通知し、代金の返還を求めてください。

　商品の返還については前述したとおり、あなたには法的な返還義務もありませんが、代金が返されたら、着払いで送り返しておくといいでしょう。

　支払いをクレジットなどでしていたときは、すぐクレジット会社にも通知してください。

　クーリングオフ（III-①／65頁参照）の期間（8日）以内で

あれば、クレジットの支払義務も消滅します。

　しかし、あまり期間がたってしまっていたり、一部商品を使用したりすれば、契約の承諾をしたとみなされること（黙示の承諾ということがあります）がありますから、とにかく速やかに断りの通知をしてください。

　ただ、現実に支払ったお金を取り戻すことは、事実上難しい場合が多いでしょうから、こうした詐欺的商法には日ごろから警戒して、ひっかからないように注意することが肝心です。

撃退ワンポイントアドバイス

- 「間違って支払ってしまったので、返してください」
- 日頃から警戒して、だまされないことが肝心

III-④

Q 家屋の修理代として法外な要求

「屋根が傷んでいる。このままでは家がダメになる。最新の工法で半永久的に使えるようにする」と言われ、工事をしてもらいましたが、後で法外な請求を受けて困っています。

A 契約書を受け取り後、8日を経過する前なら、クーリングオフにより申込みを撤回し、法外な内容なら公序良俗違反で無効

　この手口の商法はよくあります。屋根のやり替え、壁の塗り替え、白蟻駆除など言葉巧みに勧め、契約書や見積書も出さないままに強引に着工し、あとで法外な額の請求をしてきます。ほとんどがチラシや訪問販売ですが、まず、契約をする前に必ず見積をもらい慎重に検討して詳しい専門の人に意見を聞くべきです。

　万一だまされて契約し工事をしてしまった後でも、お金を払う前ならまだ大丈夫です。契約から8日を経過する前ならクーリングオフにより、契約の申込みを撤回することができますし（訪問販売に関するクーリングオフ　65頁）、工事が終了していたとしても、業者の費用で原状回復してもらえますし、契約書で金額が示されていても法外なものなら公序良俗違反として無効です。

　うるさく要求されるようでしたら、弁護士に相談・依頼するか、簡易裁判所に行って調停を頼んでください。支払ってしまっている場合には、詐欺・不当利得等として法的には返還請求ができますが、実際には回収することは難しいでしょう。

撃退ワンポイントアドバイス

- クーリングオフの通知「クーリングオフしましたので、家を元に戻して下さい」
- 「この代金は高すぎます。専門家に聞いたら○○円くらいとのことでした」
- うるさければ弁護士に連絡を

注 ＊1　特定商取引に関する法律9条7項（訪問販売における契約の申込みの撤回等）

役務提供契約又は指定権利の売買契約の申込者等は、その役務提供契約又は売買契約につき申込みの撤回等を行つた場合において、当該役務提供契約又は当該指定権利に係る役務の提供に伴い申込者等の土地又は建物その他の工作物の現状が変更されたときは、当該役務提供事業者又は当該指定権利の販売業者に対し、その原状回復に必要な措置を無償で講ずることを請求することができる。

III-⑤

Q 消火器の取り替えをさせられた

「消防署から来た」と言って、消火器の買換えを求められ、購入しました。あとで聞いたら消防署ではそんな勧誘はしていないと言いますし、価格も普通の3倍もしていました。

A 明らかな詐欺は損害を回収可能

　明らかな詐欺ですので、相手が見つかり、かつ資力があれば代金の返還請求や損害賠償請求をすることが可能です。
　ただ、こうしたケースではなかなか相手の実態をつかむことは困難です。
　とりあえず、あなたとしては警察に詐欺罪を理由に被害届や告訴をして相手の人相やその他の特徴などを説明し、逮捕される日を待つ他ないでしょう。
　そして、今後はこのような詐欺にはひっかからないよう十分注意して行動されることをおすすめします。
　日頃から、こうした訪問販売にはその場で「買う」と返事をしたり、ただちにお金を払ってしまうようなことは絶対にしないという習慣、ルールを身につけ、買うとしても検討の上後日連絡する、ということにしておくべきでしょう。それで、相手が「今日でなければ代金が上がる」とか「品切れになる」などととやかく言うようであれば、ますますあやしいと考えるべきです。

撃退ワンポイントアドバイス

- 「よく考えてから連絡します」
- 「今日がお得」は極めてあやしい

注 ＊1　民法96条（詐欺又は強迫）
詐欺又は強迫による意思表示は、取り消すことができる。
2　相手方に対する意思表示について第三者が詐欺を行った場合においては、相手方がその事実を知っていたときに限り、その意思表示を取り消すことができる。
3　前二項の規定による詐欺による意思表示の取消しは、善意の第三者に対抗することができない。

＊2　民法709条（不法行為による損害賠償）
故意又は過失によって他人の権利又は法律上保護される利益を侵害した者は、これによって生じた損害を賠償する責任を負う。

＊3　特定商取引に関する法律9条（66頁参照）

＊4　消費者契約法4条1項（消費者契約の申込み又はその承諾の意思表示の取消し）
消費者は、事業者が消費者契約の締結について勧誘をするに際し、当該消費者に対して次の各号に掲げる行為をしたことにより当該各号に定める誤認をし、それによって当該消費者契約の申込み又はその承諾の意思表示をしたときは、これを取り消すことができる。
一　重要事項について事実と異なることを告げること。当該告げられた内容が事実であるとの誤認
二　（略）

＊5　刑法246条（詐欺）
人を欺いて財物を交付させた者は、10年以下の懲役に処する。
2　前項の方法により、財産上不法の利益を得、又は他人にこれを得させた者も、同項と同様とする。

III-⑥

Q 添削指導をするとだまされた

訪問販売で子ども向けの高価な添削教室に申し込み、代金を支払いましたが、教材だけ送ってきて、一向に添削教室が始まりません。業者は「予定が変更になった」と言っていますが、解約できないでしょうか。

A 指導が始まらないなら契約解除が可能

　訪問販売の場合、クーリングオフという制度があり、申込書面や契約書面の交付を受けてから8日以内であれば、あなたは特に理由がなくても契約申込みの撤回または契約の解除をすることができます（Ⅲ-①／65頁参照）。

　本件でも8日以内であれば、内容証明郵便で契約を解約する旨を通知して、代金の返還を請求するとよいでしょう（文例⑦229頁参照）。なお、すでに交付されている教材などは販売業者側の費用で引き取られることになります。

　次に、すでに8日を経過していてクーリングオフが利用できない場合であっても、約束の期日に添削が始まらないのですから、あなたが添削指導の開始を業者に請求してから相当期間内に添削指導が始まらない場合には、契約違反を理由に契約を解除することができます。

　内容証明郵便で「契約違反を理由に契約を解除します」旨を通知して代金の返還を請求してください。

　なお、クレジット会社に立替え払いなどをしてもらった場合でも、この契約違反に基づく契約の解除は対抗でき（売買に関しては、第三者であるクレジット会社にも売買契約を解除したことを主張することができ）、まだ払っていない分割代金は支

払わなくてよいことになります。

支払ってしまったお金は業者に返還請求してください。

撃退ワンポイントアドバイス

- 8日以内なら書面で
「クーリングオフにより、解除します」
- 8日経過後なら
「添削指導してください。しないのであれば解除しますので、代金を返してください」

注 ＊1　特定商取引に関する法律9条4項（訪問販売における契約の申込みの撤回等）
申込みの撤回等があった場合において、その売買契約に係る商品の引渡し又は権利の移転が既にされているときは、その引取り又は返還に要する費用は、販売業者の負担とする。

＊2　民法541条（履行遅滞等による解除権）
当事者の一方がその債務を履行しない場合において、相手方が相当の期間を定めてその履行の催告をし、その期間内に履行がないときは、相手方は、契約の解除をすることができる。

＊3　割賦販売法30条の4第1項（包括信用購入あっせん業者に対する抗弁）
購入者……は、第2条第3項第1号に規定する包括信用購入あっせんに係る購入……の支払分の支払の請求を受けたときは、……それを販売した包括信用購入あっせん関係販売業者……に対して生じている事由をもって、当該支払の請求をする包括信用購入あっせん業者に対抗することができる。

III-⑦

Q 無料体験にだまされ入会

無料体験コースの言葉にだまされエステティックサロンに出かけて、言葉巧みに入会させられてしまいました。現金がないのにクレジットでよいからと言われ、分割払いで契約してしまいました。しかし、あまりに高額ですので退会したいのですが……。

A クーリングオフが可能な契約

　エステの契約内容は特定商取引法に言う「指定役務の提供」に当たります。そして、あなたが電話や郵便あるいはビラ・パンフレットの配布を受け、その際、エステへの入会の勧誘目的であることを事前に告げられずに営業所等への来訪を求められたため、営業所へ赴いたところ、そこで言葉巧みに入会してしまった場合には訪問販売法が適用されることになり、クーリングオフが可能となります。クーリングオフの内容は65頁を参照してください。

　本件でも、書面の交付を受けてから8日以内であればエステ業者に対して契約を解除する旨の内容証明郵便を出し、同時にクレジット会社に対してもエステ契約をクーリングオフにより解除した旨を、とりあえず直ちに電話連絡するとともに、書面で通知をしてください。

　エステ契約が解除できれば、クレジット会社に代金を支払う必要はありません。*1

　次に、すでに書面交付を受けてから8日を超えている場合でも、あなたが契約したエステ契約のサービスを受ける期間が1か月を超えるもので、まだその期間が終了しておらず、かつ契

撃退ワンポイントアドバイス

- 8日以内であれば解約を通知し、クレジット会社にも内容証明で同時通知
- 8日を超えても、エステ契約のサービス期間によって途中解約が可能

約金額が5万円を超えるものであれば途中解約ができます。[*2,*3]

　サービスを受けることができるのが一定期間という形でなくサービスを受けるたびにチケットを渡す形であればそのチケットに有効期限が示されていれば、その有効期限までの期間が1か月を超えていればOKです。無期限であれば原則1か月を超えるものと評価されるのでこの場合も途中解約できます。

　ただ、このように中途解約した場合、すでにエステサービスを受けた部分について遡って失効しません。解除の意思表示がエステ業者に到着した後の部分の契約についてのみ失効します。

　たとえば、1回1万円のエステサービスを60回受ける契約を締結していて、あなたが解除の意思表示をしたのが10回のエステサービスを受けた時であれば、残り50回分の契約が失効することになります。この場合、あなたは、失効した契約の部分、具体的には1万円×50回＝50万円の支払義務を免れます。

　この契約失効の効果はクレジット会社にもいえるので[*1]、基本的にまだ履行期限が来ておらずクレジット会社に支払っていない賦払金についても支払義務を免れます。

しかし、エステサービスの期間は通常半年くらいで終わりますが、これに対してクレジット会社に対する支払いは、上記例だと月1回3万円程度の支払で2年程度の期間継続するのが通常であると思われます。ですから、10回エステサービスを受けた時でもクレジット会社に対しては2回6万円ほどの賦払金を支払ったという状態だろうと思います。したがって、この例でいけばクレジット会社からの請求に対しては、残50回分の50万円分についてのみ支払いを拒めるわけですから、支払っていない賦払金54万円のうち4万円程度は支払いを拒めないということになります（実際は分割払手数料を考慮し計算する必要がありますが、煩雑になるのでここでは割愛します）。

　ただし、あなたがエステ契約を中途解約した場合、エステ業者はあなたに対して損害賠償請求をすることが可能な場合があります。しかし、請求が可能な場合であっても金額に上限がありますので、この限度であなたは保護されます。たとえば、エステの場合は、最高2万円に制限されています。

　この損害賠償金をクレジット会社が立て替えて支払うということは通常考えにくいので、この損害賠償金の支払いはエステ会社からあなた宛にされると思いますが、支払いの遅延があった場合は別ですが、そうでなければ2万円を超える請求については拒むことが可能です。[*4]

注　*1　割賦販売法35条の3の10第7項（個別信用購入あっせん関係受領契約の申込みの撤回等）
個別信用購入あっせん業者は、申込みの撤回等があ……場合には、……申込者等に対し、……金銭の支払を請求することができない。
同35条の3の10第9項
個別信用購入あっせん業者は、申込みの撤回等があ……場合において、申込者等から当該個別信用購入あっせん関係受領契約に関連して金銭を受領しているときは、当該申込者等に対し、速やかに、これを返還しなければならない。

＊2　特定商取引に関する法律41条1項（定義）
この章……において「特定継続的役務提供」とは、次に掲げるものをいう。
一　役務提供事業者が、特定継続的役務をそれぞれの特定継続的役務ごとに政令で定める期間を超える期間にわたり提供することを約し、相手方がこれに応じて政令で定める金額を超える金銭を支払うことを約する契約（以下この章において「特定継続的役務提供契約」という）を締結して行う特定継続的役務の提供
二　（略）
＊3　特定商取引に関する法律49条1項（特定継続的役務提供等契約の解除等）
役務提供事業者が特定継続的役務提供契約を締結した場合におけるその特定継続的役務の提供を受ける者は、第42条2項の書面（契約の内容を明らかにする書面のこと）を受領した日から起算して8日を経過した後（中略）においては、将来に向かってその特定継続的役務提供契約の解除を行うことができる。
＊4　同2項
役務提供事業者は、（契約が途中解除された場合は）、損害賠償額の予定又は違約金の定めがあるときにおいても、次の各号に掲げる場合に応じ当該各号に定める額（中略）を超える額の金銭の支払を（中略）請求することができない。
一　当該特定継続的役務提供契約の解除が特定継続的役務の提供開始後である場合　次の額を合算した額
イ　提供された特定継続的役務の対価に相当する額
ロ　当該特定継続的役務提供契約の解除によって通常生ずる損害の額として（中略）政令で定める額
二　（略）

III-⑧

Q 高額の会費請求

入会金を支払い、年会費を支払っておけば、世界の一流品が他の人に先がけて安く手に入るショッピングクラブであるとの話を聞かされ、入会を勧誘されたので入会してみました。しかし、考え直して入会後すぐに退会を申し込んだところ、高額の年会費を要求され入会金も返してくれません。

A 内容証明郵便で拒否を

　このような商法は、退会ができないとか、入会金は返さないと定めているのが普通ですが、ショッピングクラブの内容が、会費や入会金の額に見合わないつまらないものであれば、詐欺商法として、年会費を支払う必要はなく、入会金の返還請求もできる可能性があります。

　また、入会の意思表示において重要な事項に関連する事項について消費者の利益となることだけを告げて不利益なことを告げていないような場合は、契約の取消が可能です。[*1]

　ただ、放置しておくとカタログ等を次々と送りつけてきて、その費用がかかっているなどと言われる可能性もありますので、とりあえず「退会する、年会費は支払わない」という内容を内容証明郵便で通知しておくことが必要と思われます。

　上記の通知をしたにもかかわらず、年会費を支払えといって相手方が訴訟までしてくることは、普通はありませんが、電話での嫌がらせなどはあるでしょう。[*2]

　入会に当たり、それなりの記念品を受け取っていたりして、それなりの内容が伴っていれば、難しい問題が発生するかもしれませんので、資料を持って早めに専門家の相談を受けられる

ことをおすすめします。

撃退ワンポイントアドバイス

- 詐欺商法として解約できる可能性あり
- 「退会いたします。退会通知を送ります」
- 記念品等の授受については専門家に相談

注 ＊1　消費者契約法4条2項（消費者契約の申込み又はその承諾の意思表示の取消し）
消費者は、事業者が消費者契約の締結について勧誘をするに際し、当該消費者に対して当該消費者の利益となる旨を告げ、かつ、当該重要事項について当該消費者の不利益となる事実を故意に告げなかったことにより、当該事実が存在しないとの誤認をしたときは、これを取り消すことができる。（要旨）

＊2　電話での嫌がらせについては210頁を参照

IV 詐欺的商法─儲け話

IV-①

Q 実体のないリゾート会員権

年利10％の運用益という言葉にだまされ、実体のないリゾート会員権を買わされてしまいました。運用益はまったく出ないので、詐欺にあったも同然ですが、損害賠償を求めることはできるでしょうか。

A 運用益の約束の存在が立証できるか

　まず、実際には運用益がないのに、これがあるもののように偽ってあなたに契約させたのであれば、そのような業者の行為は詐欺に当たります。そこで、あなたは契約を取り消してだまし取られた代金の返還を求めることができ[*1]、さらに詐欺は刑法上の犯罪に当たりますから、警察に被害届や告訴を行うことも可能です[*2]。

　ただ、問題はあなたが詐欺の事実を証明できるか、具体的には年10％の運用益の約束があったことを証明できるかという点であり、これが証明できないと裁判所にも警察にも取り合ってもらえない可能性があります。パンフレットや契約書などに、運用益のことが書かれてあれば証明は容易です（もっとも、初めからだますつもりなら、おそらくハッキリしたことは書いていないでしょう）。また、契約時の録音テープや日付入りメモなどが残されていればこれらを証拠として口頭での運用益の約束を証明することが考えられますし、他にもその業者によって同じようにだまされた被害者が多数ある場合には、その証言の積み重ねにより運用益の約束を証明していくという方法も考えられるでしょう。しかし、何らの客観的な証拠もない場合には、もはや立証は難しいと考えられます。

撃退ワンポイントアドバイス

- うまい話には裏がある
- だまされないことが肝心

　次に、運用益はおろかリゾート会員権の実体そのものが存在しておらず、ただ契約金をだまし取るだけのものであるならば、かつての豊田商事と同様、詐欺に当たることは明白ですから、あなたは代金の返還請求や警察への被害届・告訴が可能です。ただ、実体がない以上、そうしたところから現実に代金を回収するのは困難な場合が多いでしょう。

　あなたが代金を口座振込などの方法で支払っていたのであれば、その口座番号などを手がかりにある程度の調査は可能ですが、ほとんどの場合は架空人名義等による口座でしょうから、調査にも限界があると思われます。後は、警察の捜査を待つということになるでしょう。

　このほか、明らかな詐欺ですが、エコ風力発電のチラシ等を送っておいて、「エコ風力発電の権利を持っていませんか。1年で10倍になると思いますので買いたいのです。」等の電話を掛け、「そういえばあのチラシに風力発電の権利の勧誘があった」と思い出させて、チラシの番号に連絡を取らせるよう誘導し代金をだまし取るといった、より巧妙な欲に絡めた手口もあ

ります。

　さらに、この間に、「私は怪しい者ではありません。何でしたら、××-×××-××××の消費者××センターで確認して下さい。」と告げ、その番号にかけると、「その業者は怪しい業者です。△△や□□なら大丈夫です。」というような回答をさせて、別の△△の風力発電業者のチラシが届いているといった、さらに複雑、巧妙な手口もあるようです。

　今後は、「うまい話には裏がある」という言葉を座右の銘として、慎重に行動されることをおすすめします。

注　＊1　民法96条（74頁参照）

　　＊2　刑法246条（74頁参照）

IV-②

Q 先物取引で損をさせられた

必ず儲かるからと営業マンの甘言に乗り、そのしつこい勧誘に根負けして、先物取引に誘い込まれ、次々と取り引きさせられて、その都度多額の証拠金を支払って結局多大な損害を被ってしまいました。この損害は返ってこないのでしょうか。

A 返ってくる可能性はあるが、全額返還は困難

　これは非常に難しい点を含んでいます。直ちに弁護士に相談してください。基本的には、先物取引は素人を口車に乗せて強引に誘う方に問題があると言えますが、誘われる方にも欲にからんだ自業自得の側面があるからです。

　もともと先物取引は取引に参加したすべての者が儲かるというものではなく、その仕組み上、勝つ人と負ける人は半分ずつになり、しかもそのリスクは極めて大きい性質のものです。業者の手数料を引けば儲かる人は、全取引者中4割に満たない極めて危険な取引と言われますし、悪質な業者はさらにいろいろな手口で客には損をさせて利益を取ります。このように先物取引において、継続的に利益を出そうとすることは十分に研究を重ねても極めて難しいもので、素人がやればまず確実に食い物にされます。ですから、その取引参加者は極めて限定されるべきで、本来一般人が行うべきでなく、専門的な人のみがなすべき取引です。

　しかしながら、悪質な業者の営業マンはその道のプロとして手練手管にたけており、かかる先物取引の危険性を十分に告げることなく、誘われる方の欲につけ込み、徹底した利益誘導、泣き落としをするなどして勧誘をしてきます。最初は相手の極

撃退ワンポイントアドバイス

- 先物取引で素人の人が最終的に利益を得ることはまずない
- 必ず儲かるなどといううまい話はあるわけない
- 誘われた方の「欲」も問題になる
- 勧誘の違法性を立証する必要があり、弁護士に相談するのがベスト

めて忙しいタイミングを見計らって電話をかけてきて、生返事をしているうちに、「買うと言った」として引きずり込むような手口を使ったりすることもあるようです。

　そして、一旦誘い込んだら、初めはかなりの利益が出たようにして、一部を払い戻し、信用させるのが彼らの常套手段です。業者にとっては、顧客に書面上利益を出し、その一部のみを支払いするのは何ら問題ではありません。要するにこうした取引では、業者は玉を建てることによる手数料により利益を得るという面はありますが、それよりも、業者は、顧客と反対の玉を建てていることが多く（「向かい玉」と言います）、顧客が買えば、業者は売り、顧客が売れば業者は買うことにより、顧客に損させてその裏で儲けるシステムを取っている場合が多いのです。

　このシステムを取っていると、客が利益を出している間は絶対に取引を終了して精算すること（「仕切」と言います）はさせません。客が仕切を望んでも無理やり取引を継続させようとあの手この手でなだめすかし、場合によっては、脅してでも仕切らせません。

　多くの場合はこれに負けて、ずるずると取引を継続し、顧客

が損をする方向へと誘導され、結局気がついたときには、何千万円も損が出ているという状態になっているのです。

　こうした先物取引の危険性の説明が十分でないまま、脅しやすかしにより先物取引に勧誘され取引が継続した場合は、業者の勧誘行為・取引継続行為が不法行為であることを理由としてその損害を回復することもできます。

　しかし、現実には事実の証明の問題が壁になるのです。勧誘の場面では言葉巧みに誘うとともに、いろいろな証拠書類に署名捺印させられており、たとえば、先物取引の危険やリスクはすべて理解しました、とか、私の自由意思により確かにこの売買をしましたとかの書面であり、これが訴訟で有力な証拠になってしまうことがあるのです。そして、不法行為と認められても、私は何もわからなかった、だまされたと弁解しても、裁判官は「そんなことはないでしょう、欲と二人連れだったのでしょう」として、全面的には同情してもらえないのです。裁判では、過失相殺ということで損害の全面的な回復が認められないことが多いのです。

　また、仮に裁判で勝ったとしても、相手は会社をつぶして逃げてしまうということもあり、その面からも回収の実現は難しいのです。

　必ず儲かるものなら、他人にすすめず自分でするはずです。そんなおいしい話は他人にはしないはずです。ですから、あなたの取るべきだった道は、必ず儲かるといううまい話はあるわけないものとして、先物取引をしないことだったのです。

V 詐欺的商法──振り込め詐欺(パニック誘導型詐欺)

V-①

Q 事故の示談金が必要と言われ100万円を振り込んだ

親族が交通事故を起こし、示談金がすぐに必要と言われ、100万円を振り込んでしまいました。あとで、詐欺と判明したのですが、何とかならないでしょうか。

A そんな詐欺師に支払ったら返ってくることはない。即時お金がいることはまずないし、お金を渡すなら、本人に直接

　犯罪利用預金口座等に係る被害回復分配金の支払等に関する法律(振り込め詐欺救済法)によって、捜査機関等を通じて、振込口座を凍結することも法律上は可能ですが、お金を支払ってしまったら、まず戻ってきません。多くの場合、既に引き出されてしまっているからです。

　いずれにしても、警察に対する届け出等は最低限必要です。被害者も自分は大丈夫だと思っていたにもかかわらず、まんまと引っかかってしまうのが、この詐欺の恐ろしさといえるでしょう。

　振り込め詐欺は、息子その他の親族からの要請と思わせるものなど、いろいろな類型がありますが、「風邪をひいて声がおかしい」は、古典的な手口で、最近は一回の連絡でだますのではなく、まず、「携帯電話の番号が変わったから登録を換えておいて」と準備活動を行って、次に電話がかかってきたら、その番号は親族の電話として表示され、頭から信じてしまうといった手口など、複雑・巧妙化しています。対策として出身校の名簿などには載っていない情報を家族で合い言葉を決めておくと良いといわれていますが、「即時お金がいることはない。

お金を渡すなら、本人に直接」ということを基本に持っていれば良いでしょう。最近では、警察、銀行員、弁護士等の役割を分担して騙そうとするグループもいて、手口はますます巧妙化しているようです。

引っかからないためには、そうしたことには、まず、誰か知人に相談するという習慣を作っておくことが第一です。また、詐欺師のテクニックを知っておくことも重要です。

警察庁のホームページには、「オレオレ詐欺」「架空請求詐欺」「融資保証金詐欺」「還付金等詐欺」があげられています。（https://www.npa.go.jp/safetylife/seianki31/1_hurikome.htm）

撃退ワンポイントアドバイス

●お金が今すぐいるというようなことは、まずあり得ない。そんなことを言われたら、すぐ本人に連絡するか、知人に相談を

VI 詐欺的商法―ヤミ金

VI-①

Q ネットで3万円を借りたが、言いがかり、嫌がらせを受けている

インターネット（あるいはビラなど）で必要なお金を即刻貸すと言われて3万円借りました。ところが、そのあと無茶苦茶な言いがかり、嫌がらせを受け、もう50万円も送金しましたが、まだ止まりません。

A 何を言われても相手にしない

　ヤミ金は、理屈もなにもなく、強烈なただ嫌がらせでお金を払わせることを目的として行動しています。対策はただひとつ、何を言われても相手にしない。電話をかけてこいと言われてもかけない。お金は絶対払わないことです。全く何もしなければ、おそらく1日くらいで終わります。
　ヤミ金の手口は、次のようなものです。
1　2～3万円くらいのお金は書類も何もなく、振り込んできます。ただ、その時あなたのみならず家族の人の住所、氏名、勤務先等を詳しく聞いてきます。金利は1週間で30％とか50％とか言いますが、彼らはそんなお金は目的とはしていません。返金先の口座も言わないくらいです。
2　そのあと数日して、理由もなく債務不履行だ、欺したなどと言って、5万円、10万円、30万円を払えと要求します。
3　払わないと、次のような手を打ちます。
　・あなたのみならず、家族の人、その勤務先、上司に電話をかけ、あることないことを言ってお金を要求する。
　・パソコンで1日中会社の全部の電話にかけ続けて業務を麻痺させる。

- 関係者の自宅に頼みもしない宅配ピザを届けさせたり、救急車まで行かせる。
- 近所の家の電話を調べて、そこにも嫌がらせの電話をかける。

4　これで少しでも支払をすると、攻撃はなくなるどころか、更に拡大する。

5　彼らは先払い、使い切りの携帯などで電話をしてくるので、反面調査は極めて困難である。口座ももちろん借名。

●対策

　彼らの手口、武器は電話だけです。実際に現れて危害を加えることはありません。電話攻撃も時間、努力、それなりの費用がかかりますから、無駄とわかればやめます。

　完全に相手にしなければ、概ね１日で止まります。

　しかし、弱みを見せたり、１度でもお金を払えば際限ありません。もともと根拠のないことを言っているわけですから、いくら払っても終わりはないのです。むしろおいしい客とみて、攻撃が強く続きます。

　彼らもあまり長くやると、さすがに警察の捜査となり危ういので長くはやらないのです。

　攻撃は、日時、内容を正確にメモしながら、相手にはそんなお金は払うつもりは全くない、とだけ言ってやってください。

　そのメモは整理して警察に届けて下さい。犯人の特定はむつかしいので、警察もすぐには動けませんが、あまりにひどい時は捜査してくれます。彼らもそれを知っているので、タイミングを見てやめます。

撃退ワンポイントアドバイス

- ●書類も何もなく貸してくれるなど、何か悪いたくらみがあるのです。まず、そんなお金は借りないこと
- ●あとも一切せず、警察・弁護士に相談すること

Ⅶ 金銭上のトラブル

Ⅶ-①

Q サラ金の借入金が返せなくなりました

サラ金の業者が連日、家や会社に押しかけてきたり、電話してきたりして強く脅し、親戚の者にまで請求に行っています。どうしたらいいですか。

A 弁護士に整理を依頼してください

　借りたお金は返さなければなりません。
　支払能力がないときは、どうしようもありませんが、それでもそれなりの責任のとり方があります。
　任意整理でしっかりした弁済計画を立て実行すること、あるいは自己破産手続きをとることなどです。
　しかし、多重債務者は、とかくその場しのぎの言い逃れを重ねつつ無計画に一部の支払をしたりするため、サラ金等の業者も強く攻撃して少しでも多く回収しようと躍起になるのです。債権者が、債権回収のために債務者に請求行為を行うことは当然の権利ですが、債務者の生活や仕事を脅かすようなことは違法として許されません。
　貸金業法は、これについて、その内容を詳細に規定して、貸金業者の取り立て行為を制限しています。*1
　したがって、債務者がそれなりに責任のある弁済計画を示し、実行すれば債権者はそれに不満があっても、法的な手続き以外で嫌がらせのようなことはできません。
　債権者の嫌がらせを排除できるか否かは、あなたがその収入の中で責任ある支払計画をしっかりと立ててそれを明示し、実行できるかというところにあります。それができなければ自己破産または民事再生の申立をしてください。*2

撃退ワンポイントアドバイス

- 破産、任意整理、特定調停の申立、民事再生の申立の明確な方針を立て実行すること
- その場のがれの言動をしないこと

　また、親戚の人への請求は、連帯保証でもしていない限り、違法であり嫌がらせです。

　少しでも払って縁を切ろうなどと考えるのは最悪です。親戚であっても自分の借入れではない、支払義務はまったくないと言って断固として断ってください。

　なお、こうした整理は弁護士に依頼するのが最適です。各地の弁護士会では、合理的な費用での相談、紹介に力を入れていますので、ぜひ一度相談してください。

　債務者が弁護士に依頼したときは、貸金業者はその弁護士を通じてのみ交渉しなければならず、正当な理由がなければ、直接、依頼者に請求することはできません（貸金業法21条1項九号参照）。[*1]

　弁護士に依頼しないで自分で整理をするときには、簡易裁判所に対して特定調停を申し立ててください。これは簡易裁判所の調停委員が債権者との間で合理的な解決を図ってくれる制度で、この手続を申し立てた場合も債権者はあなたに対し調停手続以外の方法での直接請求をすることができなくなります。

注　＊1　貸金業法21条1項（取立て行為の規制）
　　貸金業を営む者又は貸金業を営む者の貸付けの契約に基づく債権の取立てについて貸金業を営む者その他の者から委託を受けた者は、貸付けの契約に基づく債権の取立てをするに当たつて、人を威迫し、又は次に掲げる言動その他の人の私生活若しくは業務の平穏を害するような言動をしてはならない。

一　正当な理由がないのに、社会通念に照らし不適当と認められる時間帯として内閣府令で定める時間帯に、債務者等に電話をかけ、若しくはファクシミリ装置を用いて送信し、又は債務者等の居宅を訪問すること。
二　債務者等が弁済し、又は連絡し、若しくは連絡を受ける時期を申し出た場合において、その申出が社会通念に照らし相当であると認められないことその他の正当な理由がないのに、前号に規定する内閣府令で定める時間帯以外の時間帯に、債務者等に電話をかけ、若しくはファクシミリ装置を用いて送信し、又は債務者等の居宅を訪問すること。
三　正当な理由がないのに、債務者等の勤務先その他の居宅以外の場所に電話をかけ、電報を送達し、若しくはファクシミリ装置を用いて送信し、又は債務者等の勤務先その他の居宅以外の場所を訪問すること。
四　債務者等の居宅又は勤務先その他の債務者等を訪問した場所において、債務者等から当該場所から退去すべき旨の意思を示されたにもかかわらず、当該場所から退去しないこと。
五　はり紙、立看板その他何らの方法をもつてするを問わず、債務者の借入れに関する事実その他債務者等の私生活に関する事実を債務者等以外の者に明らかにすること。
六　債務者等に対し、債務者等以外の者からの金銭の借入れその他これに類する方法により貸付けの契約に基づく債務の弁済資金を調達することを要求すること。
七　債務者等以外の者に対し、債務者等に代わつて債務を弁済することを要求すること。
八　債務者等以外の者が債務者等の居所又は連絡先を知らせることその他の債権の取立てに協力することを拒否している場合において、更に債権の取立てに協力することを要求すること。
九　債務者等が、貸付けの契約に基づく債権に係る債務の処理を弁護士若しくは弁護士法人若しくは司法書士若しくは司法書士法人（以下この号において「弁護士等」という。）に委託し、又はその処理のため必要な裁判所における民事事件に関する手続をとり、弁護士等又は裁判所から書面によりその旨の通知があつた場合において、正当な理由がないのに、債務者等に対し、電話をかけ、電報を送達し、若しくはファクシミリ装置を用いて送信し、又は訪問する方法により、当該債務を弁済することを要求し、これに対し債務者等から直接要求しないよう求められたにもかかわらず、更にこれらの方法で当該債務を弁済することを要求すること。
十　債務者等に対し、前各号（第六号を除く。）のいずれかに掲げる言動をすることを告げること。

＊2　民事再生法221条1項（手続開始の要件等）

個人である債務者のうち、将来において継続的に又は反復して収入を得る見込みがあり、かつ、再生債権の総額（中略）が5000万円を超えないものは、（中略）小規模個人再生（中略）を行うことを求めることができる。

Ⅶ-②

Q 手形金を立て替えて欲しいと頼まれています

親戚の者から商売上の手形決済ができないので、短期間でいいから立て替えて欲しいと頼まれています。

A 返ってこないことを前提に考える

　その金額と回収の可能性の問題です。短期間に確実な収入の見込みがあるのでという説明はほとんど信用できません。本当にそのようなものがあるのなら、債権者と交渉して支払猶予や、金融機関からのつなぎの融資も受けられるはずです。また、商売上の手形であるなら親戚に頼む前にその取引相手に手形でジャンプを頼む方法もあります。

　そうした要請は商売上の資金繰りが極端に悪化し、金融機関からも見放されて破綻寸前にあると理解し、あなたのお金で一時はしのげてもすぐに行き詰まるので、貸しても返らない可能性がほとんどと考えて行動すべきです。そこで、問題は金額となります。親戚との付き合い、過去の経緯から断りきれないにしても、共倒れになるような額では困ります。要は返ってこなくてもあきらめられる額にとどめるべきです。

　このことは連帯保証や担保提供を求められても同じです。これらはすぐお金が出ていきませんので、安易に応じてしまいますが、いずれ支払わされることは同じなのです。自分の使ったお金でもないのに、他人の莫大な借金の保証をして破滅させられるほど悔しいことはありません。貸金も連帯保証も担保提供も最後は返ってこなくても仕方ない、あげてもいいという覚悟で、その範囲にとどめてください。

Ⅶ-③

Q 債務整理の資金を貸して欲しいと頼まれています

親戚の者がサラ金からお金を借り、首が回らなくなってしまったので、整理したいからお金を貸して欲しいと言われています。

A 破産手続き、任意整理をすすめる

　サラ金の金利は通常極めて高利です。こうしたものに手を出す人は初めから資力もない人で、普通に返済できるはずがありません。金利を払うために次々と新しい借金をし、多くのサラ金をわたり歩くこととなり、破綻して親戚の人に泣きつくというのがパターンです。

　あなたは弁済して金利負担を除いてあげ、後はゆっくり返金してもらえば助けてあげられると考えるでしょう。しかし、残念ながらそうはうまくいきません。

　その理由の第１は、その方法では彼が無責任な借金を重ね破綻しながらその過程で何の痛みも受けていないということです。もともと金銭感覚がずさんで無責任なところのある人と言わざるを得ませんから、あなたの立替払い以降、自分の収入だけで生活し、それを切りつめてあなたに借りたお金を誠実に返すでしょうか。ほとんどのケースでは、そうはなりません。密かにまた借金を重ね、再度破綻への道を歩むに違いないのです。

　理由の第２は、その処理では彼が全部の借金を告白せず、１部のみを出している可能性があります。あまり多くては助けてもらえないとか恥ずかしいと考えるからです。そうだとすれば、あなたの一部の弁済では立ち直れないことは明白でしょう。

撃退ワンポイントアドバイス

● 「生活費や整理手続のお金なら考えますが、それ以上はできません」

　理由の第3は、全額立替払いという処理では彼はサラ金にとっては依然、上得意です。高利の金を借り全額返してくれる最高のお客様です。むしろ、再び営業に行きたいくらいでしょう。したがって、またどんどん貸します。

　サラ金は借り主が返して貸付金が減ると、勝手に振込みしてきて、高額の貸付けを継続しようとする者もいます。

　こうしたケースでは、破産手続きをとるのが一番スッキリするのですが、その道はとらないで任意整理するとしても、まず一旦は全部支払停止しなければなりません。そうすればすべての債権者が現れますし、彼もその負い目で痛い目にあいます。援助するのはそれからです。

　この手順を踏めば、彼は金融界にいわゆるブラック登録されて借入れはできなくなりますので、はじめて、自分の収入だけで生活せざるを得ない状況となり、生活再建へのスタートができるのです。この手順を踏まない援助は必ず失敗します。心に銘じておいてください。

VII-④

Q 迷惑をかけないから金を貸して欲しいと頼まれています

友人から絶対迷惑をかけないからお金を貸してくれ、連帯保証あるいは担保提供をしてくれと頼まれています。

A 連帯保証には万全の注意を

まず、その理由は何かです。商売上のもの、あるいは多重債務の処理であれば別稿（Ⅶ-②、③／96、97頁）で説明したとおり、慎重な考慮が必要です。

しかし、病気や事故など非日常的な原因による出費であればその友人との付き合い、人格によって判断することとなるでしょう。

ただ、連帯保証や担保提供は、そのときはお金を出さなくていいので、つい安易に高額なものに応じてしまいがちですが、いずれ支払わされる可能性のあることは確実であり、これで全財産を失う人も少なくありません。

応じるにしても金額には万全の注意を払い、万一のときにも耐えられる範囲にとどめておいてください。

撃退ワンポイントアドバイス

●連帯保証はあなたが借りたのと同じ。いずれ取られますよ！

VII-⑤

Q サラ金の利息が高すぎると思う

サラ金からお金を借りていますが、若くて信用がないと言って利息が年利50％を超えています。高すぎると思うのですが……。

A 最大20％を超える利息は支払う必要がない

　お金を借り入れる契約（これを「金銭消費貸借契約」と言います）については、利息制限法という法律によって利率に上限が定められており、この制限を超える部分の利息支払約束は無効となります。具体的には、元本が10万円未満の場合には年20％、元本が10万円以上100万円未満の場合には年18％、元本が100万円以上の場合には年15％というのが利率の上限とされており[*1]、これを超える部分の利息については、借主は支払う必要はありません。

　あなたは50％を超える利息を請求されているということですが、これは明らかに利息制限法違反ですので、あなたにはその支払義務はありません。

　次に、すでにあなたが制限超過利息を支払ってしまっている場合についてお話します。

　かつて、貸金業法は、利息制限法に定める上限金利を超える利息であったとしても、債務者が任意に支払った場合、ある一定の要件を備えていれば、有効な利息の弁済とみなすと定めていました（同法旧43条）。これを「みなし弁済」といいます。

　「みなし弁済」が認められた場合、利息制限法違反の利息であっても、一旦支払った以上は、もはや有効な利息の支払とされてしまい、返還を求めることができません。

撃退ワンポイントアドバイス

● 「利息制限法を超える利息は支払いません。過去の分も計算し直してください」

　この「みなし弁済」の制度があることによって、貸金業者の利息制限法を超える貸付が助長され、大きな社会問題となりました。

　そこで、実務では、「みなし弁済」の認められるための要件を非常に厳格に解することによって、その適用を実質的に否定するという運用が行われてきました。

　この実務の運用を受け、現在では、貸金業法の改正によって、「みなし弁済」制度自体が撤廃されています。

　したがって、利息制限法を超えて余分に支払ってしまった利息については当然に元本に充当され、その分元本額が減少することとなります。また、元本もすべて完済となった後に支払われた分については、不当利得としてその返還を請求することができますので、遠慮なく返還請求しましょう。

　加えて、貸金業者が利率年20％以上の率で貸付けを行うことは法律上禁止されており、違反した業者には懲役刑や罰金刑という刑罰が科せられることがありますので、このような場合には警察への告訴・被害届も検討してよいでしょう。[*2]

　最後に、利息の支払いを借入時に一括して行っている場合（いわゆる利息の天引）について述べておきましょう。

　天引きの場合であっても、利息制限法の適用があることは当然です。具体的には、天引後の受領金額（つまり実際の受領金額）を元本とし、天引額を利息として計算して、それが前述の利息制限法所定の制限利息を超える場合には、その超えた部分

は元本（ここで言う元本とは天引前の金額を言います）に充当されたものと扱われますので、計算の結果利息制限法に違反していることが判明した場合には、上記の場合と同じように対処してください。

注 *1　利息制限法1条（利息の制限）
金銭を目的とする消費貸借における利息の契約は、その利息が次の各号に掲げる……利率により計算した金額を超えるときは、その超過部分について、無効とする。
一　元本の額が10万円未満の場合　　　　　　　　　　　年2割
二　元本の額が10万円以上100万円未満の場合　　　　　年1割8分
三　元本の額が100万円以上の場合　　　　　　　　　　年1割5分

*2　出資の受入れ、預り金及び金利等の取締りに関する法律5条2項（高金利の処罰）
2　前項の規定にかかわらず、金銭の貸付けを行う者が業として金銭の貸付けを行う場合において、年20パーセントを超える割合による利息の契約をしたときは、5年以下の懲役若しくは1000万円以下の罰金に処し、又はこれを併科する。その貸付けに関し、当該割合を超える割合による利息を受領し、又はその支払を要求した者も、同様とする。

*3　利息制限法2条（利息の天引き）
利息の天引きをした場合において、天引額が債務者の受領額を元本として前条に規定する利率により計算した金額を超えるときは、その超過部分は、元本の支払に充てたものとみなす。

Ⅶ-⑥

Q 息子が友人に貸した金が戻ってこない

高校生の息子が同級生にお金を貸したのに返してくれません。相手の親は、未成年者の貸し借りは無効だと言って取り合ってくれません。

A 同級生がそのお金を浪費していれば返してもらえない

　未成年者（満20歳に満たない者）は「制限行為能力者」と言われ、単に権利を取得したり、義務を免れたりする行為以外の法律行為については、法定代理人（親権者など）の同意が必要となります*1。この同意を得ずに法律行為がなされた場合には、その未成年者または法定代理人においてこれを取り消すことができます*1。

　ただし、取消しがなされる前に法定代理人がその法律行為を事後的に承認（追認）した場合には、法律行為は始めから完全に有効なものとされることになり、もはや取消しはできなくなります*2。また、明確な追認がなくても、たとえば未成年者の法定代理人がその後貸したお金の一部を返済してきたり、担保を提供してきたりした場合には、法律上その法定代理人による追認がなされたものと扱われ、もはや取消しはできなくなります*3（これを「法定追認」と言います）。

　そこで、本件でも、相手の親により追認や法定追認が為されている場合には、もはや借入行為を取り消すことはできませんので、あなたは息子の法定代理人として相手に対し、貸したお金の返還を請求することができます。

　次に、追認や法定追認がなく、取消しが可能である場合、法律行為が取り消されると、法律上初めからその行為は存在しな

第3章　言いがかり事例集　Ⅶ　金銭上のトラブル

撃退ワンポイントアドバイス

- ●相手の親がお金の貸し借りを認めていれば同級生にお金の返還要求ができる
- ●未成年が使ってしまったお金を親に請求はできない

かったものと扱われ、この場合は「現に利益を受けた限度」で、すなわちその法律行為により受けた利益が現存している範囲で、取り消された法律行為に基づき得た利益を相手に返還しなければなりません。[*4]

そこで、問題は利益が現存していると言えるかどうかということになりますが、その未成年者が受け取った金銭や物をそのまま所持している場合には現存していると言えますし、そうでなくても、たとえば受け取った金銭を用いて商品などを購入している場合にも、未成年者がその商品等を所持していれば、やはりその商品相当額（厳密には時価相当額）の利益が現存していると言えるでしょう。

これに対し、お金や物の形で残っていない場合には、少々判断が複雑になりますが、裁判例をみますと、受け取った金銭を債務の弁済や生活費に使ったという事例につき、利益が現存しているとして返還義務を肯定したものがあり、[*5] 他方、受け取った金銭を賭博に浪費したという事例については、利益が現存しているとは言えないとして返還義務を否定したものがあります。[*6]

本件でも、息子の同級生があなたの息子から借り入れた金銭をまだ使わずに持っている場合や、何か形のある物を購入している場合はもちろん、そうでなくても生活費や学費などに使用している場合には利益が現存しているものとして、返還請求で

きますが、遊興費（たとえばゲームセンター）などに浪費してしまっている場合には、もはや返還請求はできなくなります。

しかし、いずれにせよ請求できる相手はその同級生であり、その親ではありませんので、親の財産に対して法的な手続きをとることはできません。

注 *1　民法5条（66頁参照）

*2　民法122条（取り消すことができる行為の追認）
取り消すことができる行為は、第120条に規定する者が追認したときは、以後、取り消すことができない。ただし、追認によって第三者の権利を害することはできない。

*3　民法125条（法定追認）
前条の規定により追認をすることができる時以後に、取り消すことができる行為について次に掲げる事実があったときは、追認をしたものとみなす。ただし、異議をとどめたときは、この限りでない。
　一　全部又は一部の履行
　二　履行の請求
　三　更改
　四　担保の供与
　五　取り消すことができる行為によって取得した権利の全部又は一部の譲渡
　六　強制執行

*4　民法121条（取消しの効果）
取り消された行為は、初めから無効であったものとみなす。ただし、制限行為能力者は、その行為によって現に利益を受けている限度において、返還の義務を負う。

*5　大審院判決昭和7年10月26日判決／最高裁民事判例集11巻1920頁
相手方より受領した金員をもって他者に対する債務を弁済し、必要な生活費を支弁したときは、利益は現存するというべきである。

*6　最高裁昭和50年6月27日判決／金融商事判例485号20頁
準禁治産者が借り入れた利益を賭博に浪費したときは、その返還義務を負わない。

VII-⑦

Q 恋人に貸した金が返ってこない

付き合っていた男性に必ず返すからと口約束で100万円貸したところ、付き合いが途絶えてから返してくれません。催促すると、あれはプレゼントだと思ったと開き直られています。

A 100万円をプレゼントとは考えにくい

　一般に言われるプレゼントは、法律上の贈与契約に該当します*1。そして、贈与契約が成立するというためには、両当事者の間に「あげる・もらう」の意思（贈与の意思）が存在していなければなりません。

　とすれば、あなたは貸すつもりでお金を渡したのですから贈与の意思はなく、贈与契約は成立しません。そして、貸すつもりで相手の男性にお金を渡し、相手の男性も借りるつもりでその金を受け取っているとすれば、あなたとその男性との間には消費貸借契約が成立しており、あなたはこの契約に基づいて、貸した金の返還を請求することができます*2。

　そして、金の貸し借りに際し返還時期を定めていない場合には、あなたはいつでもその男性に対して貸した金の返還を求めることができ、他方返還を求められた男性はあなたからの返還請求の時から相当期間（通常は1〜2週間程度）内に借りた金を返還しなければなりません*3。

　そこで、あなたとしては内容証明郵便で、貸した金を1週間以内に返すよう請求しておくとよいでしょう。そして、相当期間内に相手が貸した金を返さない場合には、相当期間経過時以降は元本のみならず年5分の遅延損害金を請求することも可能となります。

撃退ワンポイントアドバイス

- 内容証明郵便で1週間以内の返済を求める
- 裁判所からの支払督促も利用できる
- 時効は10年後です

　もっとも、本件では相手は「あれはプレゼントだと思った」などと言って開き直っているとのことですから、あなたが自分の名前で内容証明郵便を出しても素直には返してくれない可能性が高いと思われます。このような場合には、専門家である弁護士に依頼し、弁護士の名前で請求書を送ると、相手も観念して支払ってくれる可能性があります。

　また、内容証明郵便のみでは相手が支払わない場合には、裁判所の方から相手に対し支払いを促すという支払督促手続きがありますので、これを利用することをおすすめします。

　そして、支払督促に対し相手が何も言ってこない場合には仮執行宣言付与の申立[*4]、さらには強制執行という手続きをとっていくことになります。

　また、相手が支払督促に対して裁判所に異議を述べてきた場合には、あなたと相手との間で裁判が始まります[*5]。そして、あなたが金を貸したと主張しているのに対し、相手が金など受け取っていないと言って争っている場合には、裁判上あなたの方で相手に金を手渡して貸したことを証明しなければなりませんが、相手が金を受け取ったこと自体は認めており、ただ、それが金を借りたのではなくもらったのだ（要するに贈与を受けたのだ）と主張している場合には、その金が贈与されたものであるということは相手の方で証明する必要があります。とすれば、本件のように100万円という大金をそれなりの理由もなく贈与

するというのは通常考えられませんので、他に相手に有利な材料がない限り、勝ち目は十分にあるものと思われます。

ただ、相手がしっかりした会社に勤めているなど支払能力が十分であればいいのですが、定職もなく資産もないというような人の場合は、法的手続きによって勝っても現実の回収は難しいでしょう。費用と手間をかける前にこの点も見極めてください。

最後に、時効について少し説明します。個人間でのお金の貸し借りによる貸金返還請求権は、貸し借りの時から10年で時効にかかります（返還時期の約束がある場合にはその時期から10年です）。

ただし、10年の期間内に相手が自分の債務を認めた場合、たとえば、借金の一部を返済した場合、利息を支払った場合、「もう少し待ってくれ」と言ってきた場合等には、その時点からさらに10年経たなければ時効は成立しません[*6]。また、相手が債務を認めていなくても、こちらが支払督促などの裁判上の請求をしておけば、やはりその請求の時から10年経たなければ時効は成立しません[*6]。

ですから、あなたとしては、たとえその時返してもらえなくても、相手の時効成立を阻止するという意味で、相手の債務承認を得たり支払督促をしておくことには意義があります。

特に、相手に現在返済資金がないような場合には、将来資金ができた都度少しずつ取り返していくこととなりますが、長い間ほったらかしにしておくと、いつの間にか時効が成立していることにもなりかねませんので、注意が必要です。

注 *1　民法549条（贈与）
贈与は、当事者の一方が自己の財産を無償で相手方に与える意思を表示し、相手方が受諾をすることによって、その効力を生ずる。

*2　民法587条（消費貸借）
消費貸借は、当事者の一方が種類、品質及び数量の同じ物をもって返還をすることを約して相手方から金銭その他の物を受け取ることによって、その効力を生ずる。

＊3　民法591条1項（返還の時期）
当事者が返還の時期を定めなかったときは、貸主は、相当の期間を定めて返還の催告をすることができる。

＊4　民事訴訟法391条1項（仮執行の宣言）
債務者が支払督促の送達を受けた日から2週間以内に督促異議の申立てをしないときは、裁判所書記官は、債権者の申立てにより、支払督促に手続の費用額を付記して仮執行の宣言をしなければならない。ただし、その宣言前に督促異議の申立てがあったときは、この限りでない。

＊5　民事訴訟法395条（督促異議の申立てによる訴訟への移行）
適法な督促異議の申立てがあったときは、督促異議にかかる請求については、その目的の価額に従い、支払督促の申立ての時に、支払督促を発した裁判所書記官の所属する簡易裁判所又はその所在地を管轄する地方裁判所に訴えの提起があったものとみなす。この場合においては、督促手続の費用は、訴訟費用の一部とする。

＊6　民法147条（時効の中断事由）
時効は、次に掲げる事由によって中断する。
一　請求
二　差押え、仮差押え又は仮処分
三　承認

Ⅷ 営業上のトラブル

Ⅷ-①

Q 製品クレームで法外な要求

商品が腐っていたため、家族一同下痢をした。保健所に届ければただではすまないとして法外な要求を受けています。

A オープン・公正・断固たる対応を

　製品クレームはPL法（製造物責任法）ができて以来増加すると思われましたが、結果はそうでもありません。

　PL法は製品に欠陥があったときは原則として製造者の責任を認めることとしましたが、企業は実際には従前からそのように対応しており、むしろこのPL法の成立により企業側の対処の方法が整備、システム化されています。

　企業で製品クレームの情報が入ったとき、まず大切なことは情報収集と整理・保存及び事実・原因の究明です。電話が入れば直ちにクレーム係の担当者が対応し、相手の言う内容を詳細に記録（できれば録音）します。その上で回収できる現物があれば直ちに回収手続きをとり、製造の専門部門に回して原因調査に入ります。

　こうした対応の準備ができていないと電話のたらい回しの上、その場しのぎの対応のようなことになり最悪です。

　そして、速やかに調査して結論を出し、その結果と正しい対応策を立てて相手に伝えます。調査の結果問題がないとの結論に達したときの通知文例は資料集（文例①222頁）を見てください。

　それ以降の交渉方法、やりとりについては、本書総論、第3章Ⅰなどを参照してください。また、保健所云々の件は、むしろ積極的にことの経過、調査結果をともに届け出ておいてくだ

撃退ワンポイントアドバイス

● すみやかに徹底調査し、オープンに対処

さい。そうすることが、訴訟を招かない最善の道です。

この情報公開の時代ですから、オープンに公正にまた断固として手続きを進めてください。

大衆商品に関するクレームの問題については、有名になった「東芝ビデオ事件[*1]」のように、クレームの対応に不手際があると、大きな問題に発展することがあります。

注 **＊1　東芝ビデオ事件**
商品クレームの対応で不当な扱いを受けた消費者が、ホームページでその経緯を公開、アクセス数800万に達し、東芝は消費者に対し、副社長が会って全面謝罪

　福岡市の男性会社員は、東芝製のビデオデッキの修理をめぐるトラブルから、平成11年6月初めに個人で開設したサイトで、「東芝のアフターサービスについて」と題して、男性が東芝の社員と交わした電話の音声や文書を公開。ビデオデッキの修理要請への対応に問題があり、「電話で暴言を浴びせられたので謝罪して欲しい」などと訴えた。異例な内容と音声が直接聞けることも手伝ってうわさが広がった。東芝はこの会社員の謝罪要求に対して、同社のインターネットホームページで「一部不適切なやりとりがあった」などの公式見解を掲載したが、他方では、「これ以上苦情電話を続けると法的処理を取る」と告げ、福岡地裁にホームページの一部削除を求める仮処分を申請し、クレーム処理トラブルから生じた不満を訴える手段に、インターネットという道具を武器に選んだ個人と企業の"全面戦争"に発展した。

　しかし、その後2ヵ月でこのホームページへのアクセス件数が800万件を超えるようになり、東芝側は副社長が消費者と面会し、社員の暴言を謝罪、ビデオデッキの修理対応の経緯などについて、再度調べて連絡することになった。

（平成11年7月15日～22日の毎日新聞記事より）

VIII-②

Q 客が酔っぱらって店から出て、交通事故にあった

飲み屋を営んでいます。店の客が酔っぱらいトイレの出口を間違えて道路側の出口からよろけ出てしまい、自動車にはねられました。被害者と加害者双方から、店にも責任があるので賠償金を負担しろと言われていますが……。

A 断ってください

　どんな構造になっているのかわかりませんが、ドアを開けたら即車道というのではないでしょう。普通は、少なくとも踏み込みや歩道・垣根等があるのですから、これから出る場合は、お客の自己責任ということになります。よほどのことがない限り工作物責任も安全配慮義務違反も問えないでしょう。

　せいぜい、事故にあったお見舞いを包むぐらいのものでしょう。賠償問題が発生することはないと考えられます。もし、裁判に訴えられたら、正々堂々受けて立ちましょう。ただし、もし、そのドアが間違えて開けやすい場所にあり、かつ、飲酒していた人がそこを開けて出ようとすれば段差などがあって転倒し、車道に出てしまうような危険な構造でもあるのに、鍵もかけられていなかったとしたら、建物が通常有すべき安全性を欠いていたとして、賠償責任が発生することはあるでしょう。

撃退ワンポイントアドバイス

● 「申しわけありませんが、そこまで責任は負いかねます」

VIII-③

Q 客が酔って2階から落ちた

店の客が酔っていて、2階の窓から落ち、大けがをしてしまいました。転落防止措置がないのは店の責任と損害賠償を求められています。

A あなたには責任があります。ただし、全額ではなく過失相殺で相当の減額ができます

　あなたに、民法717条[*1]の工作物責任に基づく損害賠償責任があるかどうかという点が問題となります。

　工作物責任とは、工作物には通常有すべき安全性が要求され、問題の工作物にこれが欠けている場合には、設置または保存に瑕疵があるので、工作物の占有者ないし所有者は被害者のこうむった損害を賠償する義務があるというものです。

　本件のようなケースでかかる責任を負担するかどうかは、①建物の利用者は誰を想定しているのか、②その利用者にとってその建物から落ちそうなところつまり窓等の位置が低くないか、窓等に転落防止装置が必要ではないかという観点から考えていきます。たとえば、成年男子にとって窓等の位置が通常よりも低いのに格子などの安全対策がない等という場合は瑕疵ありと言え、幼児等弱者の利用が予定されていれば弱者にとって安全な高さ・構造でないと瑕疵ありと言えるでしょう。

　本件では、宴会場では酒が出るものですから、当然酔い客が出ることが十分予想できます。宴会場を経営するあなたには酔い客が落ちないように配慮する注意義務があり、建物にはこの意味での安全性がなければ瑕疵ありとなります。構造自体はっきりしないのでなんとも言えない部分はありますが、2階の宴会場の窓の位置が低いのであれば、あらかじめ転落防止措置を

撃退ワンポイントアドバイス

● 客の側にも不注意による責任がある

取っておくべきであり、それを取っていない状態で酔い客が落ちたというならば、建物には設置または保存に瑕疵があるものとして、あなたにはお客に損害賠償をする責任があるでしょう。

ご質問とよく似た事案があります。手摺り等もなく、高さが床上37cmの2階の座敷の窓から大学生が路上に落ちて死亡した事案では、建物占有者である経営者の責任が認められました。[*2]

これに対して、工作物責任が否定されたのは、新婚旅行中に女性がホテルの窓から落ちて死亡した事案です。ホテルの客室は滞在及び就寝を主たる目的に設計されており、宴会用の設備などはないこと、床面から窓がまちまでの高さが79.3cmあったことから欠陥はないとされました。[*3]

ただし、損害賠償責任がある場合でも、酔い客といってもほとんどの人は普通は2階から落ちたりはしないのでしょうから、そのお客さんにも責任があります。したがって、過失相殺制度の適用がなされ相当額の減額がなされることになります。先の大学生が転落した本件と同様の事案においては、裁判所は50％の過失相殺減額をしています。

注 ＊1 民法717条（土地の工作物等の占有者及び所有者の責任）
土地の工作物の設置又は保存に瑕疵があることによって他人に損害を生じたときは、その工作物の占有者は、被害者に対してその損害を賠償する責任を負う。ただし、占有者が損害の発生を防止するのに必要な注意をしたときは、所有者がその損害を賠償しなければならない。
2　前項の規定は、竹木の栽植又は支持に瑕疵がある場合について準用する。
3　（略）

＊2　名古屋地裁昭和43年8月28日判決／判例時報539号26頁

＊3　大阪地裁昭和63年2月26日判決／判例タイムズ680号195頁

Q 他の客のボールが当たったのは テニス場の責任と言われた

VIII-④

テニス場内で他の客のボールが飛んできてけがをした客が、「テニス場の責任だ」と言って損害賠償を求めてきました。

A ケースバイケースで対応を

　ボールを打った客は、あなたのテニス場でのテニス教室の指導を受けていたのでしょうか、それとも客同士でテニスをしていたのでしょうか。

　複数の客が隣り合ったコートでテニスをしていたような場合であれば、テニス場の施設自体が通常有すべき安全性を有していたかどうか、つまり工作物責任（113頁参照）を根拠として責任追及がなされるかどうかが問題となります。

　この場合、ゴルフボールのように当たればけがをする道具を使用させる場合は、クラブ側も相当の注意を払う必要があり、ボールが予期しないところから飛んでこないように施設を設営する必要があります。その意味で、先に説明した工作物責任を根拠に責任追求される可能性が高いのです。

　これに対して、テニスボールの場合、当たったところでよほど当たり所が悪くなければ、けがをすることはありませんので、工作物責任を根拠に責任追及をされる可能性が低いと言えるでしょう。したがって、コートをセパレートにしたり、網で仕切ったりして事故を防止する安全措置を講じていなくても、相当な間隔をあけてコートを設置しておれば、工作物責任は問われないでしょう。

　では、ボールを打った人があなたのテニス場のスクールのコー

> **撃退ワンポイントアドバイス**
> ●スポーツ練習には一定の危険が内在する。コーチが無謀な指導をしていない限り責任はない

チを受けていた場合はどうでしょうか。

　この場合には、あなたの従業員であるコーチの指示監督が、不法行為ないし安全配慮義務違反を構成していると言えるかどうかが問題となります。

　スポーツの練習や試合をする場合には、一定の危険が内在するものです。プレイヤーはかかる危険を承知で行っているものと言えますから、一般生活における不法行為責任よりも責任を認める場合を合理的に制限する必要があります。具体的には、行っているスポーツの種類、プレイヤーが成人か子供か、プレイヤーの技術能力が高いか低いか等の事情によって異なります。

　テニスボールは柔らかいものですが、基本的に練習中は本気で打たないと練習になりませんから、周りの人はそれぞれがその立場に応じて、気をつける義務があると言えるでしょう。コーチがよほど無茶で危険な練習方法（たとえば、強力なサーブ練習のすぐ近くで他の人にネットプレイの練習をさせていたなど）でも指示していない限り、責任はないでしょう。

　責任を否定した裁判事例としては、横浜地裁平成10年2月25日判決があります。[*1]

注　*1　判例タイムズ992号147頁

VIII-⑤

Q 客同士のもめ事で店に賠償請求

店で悪酔いした客が他の客に迷惑をかけました。被害を受けた客が店に賠償を求めています。

A 放置していたなら一定の責任がある

　飲食店で酔った客が、暴れたりして、他の客の衣服を汚したり、場合によってはけがをさせたりすることがあります。

　たとえば、アルコール度の高い酒を口に含んで霧状に吐き出し、これに火をつけて遊んでいた客が、隣の女性の髪を焼いてしまったという事例がありました。このような場合、その責任は基本的にはその無茶をした客が負うべきものですが、店側としても客に安全に快適に楽しんでもらうよう配慮する義務があり、その点に不十分なところがあれば責任を問われます。

　上記のような無茶なことをしている客には、店の責任者が当然注意をして制止すべきであり、それを怠って放置していたり、あるいは助長するようなことをしていては責任を免れません。

　注意や制止は難しい面もありますが、他の客に迷惑や危険が及ぶことを放置していては店の経営も成り立ちません。悪酔い、悪ふざけなどはきちんと制止してください。なお、客同士のけんかについては、これも当然制止、仲裁すべきですが、けんかによるけがなどについては、店にはほとんど責任がないでしょう。

撃退ワンポイントアドバイス

● 「お客様同士のことですから、店の責任はご勘弁ください」

Q レストランで ワインの味が落ちたとクレーム

レストランのソムリエです。フランス産の高級ワインを出したところ、「濁りがある。味が違う」と難癖をつけ、支払いをしないばかりか、グルメ雑誌に批判記事を書いてやると言って脅す客がいます。

A 不当な批判記事には名誉毀損で対応

　ワインの品質に問題のない場合は、明らかに不当な要求ですから、正当な料金を請求すべきです。決して安易に「料金は結構です」などと妥協してはなりません。相手方にくみしやすしとの印象を与えれば、何度も同じ手口を使われることにもなりかねません。

　しかし、結果として正当な料金が取れないのはやむを得ないでしょう。法的手段に訴えるという方法もありますが、裁判手続きにかかる費用効果を考えると、あまり得策とは言えません。

　グルメ雑誌に批判記事を書いてやるという点についても、おそらくまともな雑誌は採り上げないでしょうし、まともでない雑誌に採り上げられたところで、事実上痛くもかゆくもないでしょう。

　もっとも、実際に批判記事を載せるようなことがあれば、名誉毀損*1や業務妨害*2を理由に警察に対し被害届や告訴を行うとともに、民事上は謝罪広告の掲載や損害賠償を求めることが可能です。*3

　次に、ワインの品質が本当に悪ければ、ワインを取り替えることで足ります。ワインの劣化自体は不可抗力の面があり、批

撃退ワンポイントアドバイス

- 「ワインの品質には問題はありませんので正規の料金をお支払いください」
- 「不当な記事を書かれたときは、法的に対処します」

判の対象になるものではありませんので、これを不当な記事にすれば、やはり名誉毀損などが成立します。ただ、この場合は丁重にお帰りいただくのがベストでしょうから、おみやげ程度は持たせることも考えてよいでしょう。

注

*1　刑法230条1項（名誉毀損）
公然と事実を摘示し、人の名誉を毀損した者は、その事実の有無にかかわらず、3年以下の懲役若しくは禁錮又は50万円以下の罰金に処する。

*2　刑法233条（信用毀損及び業務妨害）
虚偽の風説を流布し、又は偽計を用いて、人の信用を毀損し、又はその業務を妨害した者は、3年以下の懲役又は50万円以下の罰金に処する。

*3　民法723条（名誉毀損における原状回復）
他人の名誉を毀損した者に対しては、裁判所は、被害者の請求により、損害賠償に代えて、又は損害賠償とともに、名誉を回復するのに適当な処分を命ずることができる。

VIII-⑦

Q レストランで客のネクタイにスープをかけてしまった

客のネクタイにスープをかけてしまいました。「妻がヨーロッパ旅行の土産にプレゼントしてくれた思い出の品で二度と手に入らない。フランスに注文するだけでなく慰謝料も払え」と言われています。

A クリーニング代程度で足りる

　まず、フランスに注文せよという要求への対処について説明します。

　スープによる汚れが、クリーニングをすれば取れる程度のものなら、クリーニング代を支払えば足ります。新品ネクタイの代金を支払ったり、ましてやそれをフランスに注文したりする必要はありません。

　また、スープによる汚れがひどく、クリーニングをしても汚れが取れないような場合には、そのネクタイの時価を金銭で弁償すればいいでしょう[*1]。損害の賠償については、民法は原則として金銭で行うものと定めていますので[*2,*3]、あなたが自ら新品のネクタイを買いに行ったり、これをフランスに注文したりする必要はありませんし、そのようなことをしても気に入らないとか品質が悪いとか新たな問題を起こすだけです。なお、時価とは、そのネクタイの購入時期や使用方法によって異なりますが、どんなに高くても通常は購入価格を超えることはなく、購入価格の何割かにとどまる金額ですが（プレミアがついて取り引きされているような商品であれば別ですが、この例ではそのようなことを考える必要はないでしょう）、誠意を示すとすれば普

撃退ワンポイントアドバイス

● 「クリーニング代はお支払いします」
● 「慰謝料はご容赦ください」

通の新品の値段（1〜2万円くらい）を提供するのがいいでしょう。後は、丁重に謝罪しておけば問題はありません。

次に、慰謝料を支払えという要求への対処について説明します。物に損害を与えられた場合には、原則として慰謝料請求は認められません[*4]ので、こうした物についての想い出は賠償の対象とはなりません。交渉がまとまらない場合であっても、何とか相手方の納得・了解を得ようとして小出しに譲歩したりすると、かえって相手方に「言いがかりが成功するかも」という期待を持たせ、より強硬な態度を招くことにもなりかねません（第1章4／15頁参照）。

相手方の要求が過大で交渉が平行線をたどり、まとまりそうにない場合には、それ以上相手方と押し問答を繰り返しても埒があきませんので、示談書を同封した上、文書でこちら側の提案をしておき、示談書の返送を待つというのも一つの効果的な方法でしょう。文例については、資料集（文例③〜⑤ 225頁〜）を参照してください。

注　*1　最高裁昭和32年1月31日判決／判例タイムズ68号83頁
不法行為によるものの滅失毀損に対する損害賠償の金額は、特段の事由のないかぎり、滅失毀損当時の交換価格により定むべきである。
*2　**民法417条（損害賠償の方法）**
損害賠償は、別段の意思表示がないときは、金銭をもってその額を定める。
*3　**民法722条1項（損害賠償の方法及び過失相殺）**
第417条の規定は、不法行為による損害賠償について準用する。
*4　**大阪高裁平成7年12月21日判決／訟務月報43巻4号1118頁**
一般に財産権が侵害された場合において、財産的損害のてん補を受けることによってその精神的損害も同時にてん補されるのが通例であるから、精神的損害の賠償を請求することはできないのが原則と言うべき…
ただし、この点についてはⅧ-⑫（131頁）、XII-②（181頁）を参照してください。

VIII-⑧

Q 結婚式、披露宴をキャンセルした客にキャンセル料を求めたところ、払ってくれない

最近、経営するレストランで結婚式、披露宴を引き受けていますが、宴の3日前になって、突然キャンセルしてきた客がいます。料理の仕込みなどがあったので、見積金額の50%のキャンセル料を要求しましたが、「婚約解消によるものだ、仕方がない」と言って取り合ってくれません。事前の説明で納得していると思いましたが、「破談になったのを説得してくれるのなら、式をあげる」と開き直られました。何とかならないでしょうか。

破談は相手の事情。賠償請求できます

　結婚式、披露宴の予約と一言で言っても、法的には役務の提供、売買等が複雑に組み合わさった無名契約（売買などは典型契約と言います）であり、一筋縄ではいきません。おそらく契約当事者もはっきりしていないのが現状ではないでしょうか。
　さて、ここでは、婚約者の一方だけが契約当事者であり、他方は本契約には無関係であるという場合を想定してみます。
　顧客のキャンセルは契約の解除にあたります。結婚式、披露宴は、婚約者がそろって出なければ意味のないものでしょうから、ことの善悪は別として、一方的でも「解除」自体は認められるでしょう。
　解除に基づく損害賠償が認められるかどうかですが、あなたの方で準備もし、また、これによって利益を得るために場所を確保しているわけですから、当然、損害が発生し賠償請求もできることになります。

撃退ワンポイントアドバイス

● 「お約束のキャンセル料はお支払いください。破談云々はお客様のご都合ですから」

「破談になったから仕方がない」というのは、相手側内部の出来事であり、料理等を出すことに直接の関係がなく、あなたの方ではいつでも履行の提供ができるわけですから、正当な理由にはなりません。

キャンセル料ですが、50％のキャンセル料を事前に伝えて、合意できていれば「損害賠償の予定」の契約があったと言えますので、通常はそのまま請求でき、この合意があれば賠償額の予定があったと推定され、原則として50％以上賠償金の請求はできないことになります[*1]。なお、この合意が一般的な事業者に平均的に発生する損害を超えると考えられるような場合は、消費者契約法により、超過部分は無効とされます[*2]。

本件のように披露宴の3日前であれば、新しい宴会が入ることも考えにくいところですので、50％のキャンセル料の定めであれば、消費者契約法上の無効には当たらないでしょう[*3]。

また、賠償額に関する事前の合意がなければ、損害をあなたの方で立証する必要があります。この場合、原則として、他に利用できる食材などは損害になりませんし、レアケースとして、新しい宴会が入ってすべて流用できたという場合などは賠償すべき損害はなかったことになります。二重取りはできないのです。新しい宴会の契約をとるために安く値段を設定したというような場合は、当初の金額との差額が得べかりし利益として賠償されるべき損害となります。

いずれにしても、何らかの損害賠償は可能です。どうしても納得していただけなければ、法的手続きを考えなければなりません。金額が大きければ法律の専門家に相談されて、法的手続きをとられることをおすすめします。

注 *1 民法420条（賠償額の予定）
当事者は、債務の不履行について損害賠償の額を予定することができる。この場合において、裁判所は、その額を増減することができない。
2 賠償額の予定は、履行の請求又は解除権の行使を妨げない。
3 違約金は、賠償額の予定と推定する。

*2 消費者契約法9条（消費者が支払う損害賠償の額を予定する条項等の無効）
次の各号に掲げる消費者契約の条項は、当該各号に定める部分について、無効とする。
一 当該消費者契約の解除に伴う損害賠償の額を予定し、又は違約金を定める条項であって、これらを合算した額が、当該条項において設定された解除の事由、時期等の区分に応じ、当該消費者契約と同種の消費者契約の解除に伴い当該事業者に生ずべき平均的な損害の額を超えるもの　当該超える部分
二 （略）

*3 京都地裁平成25年4月26日判決等公刊物未掲載

Ⅷ-⑨

Q スーパーで万引と疑われた客が慰謝料を請求

スーパーマーケットで、警備員があやしい行動をしていた客から事情を聴取させてもらいましたが、証拠が見つかりませんでした。名誉毀損で訴えてやると脅し、多額の慰謝料を求めてきています。

A 多額の慰謝料を要求するのは疑問

　現実に万引（窃盗）の証拠が発見できないということですから、仮に本当は万引等を行っていたとしても、警備員の行為が正当だということは言いにくい状況にあります。そして、疑われた客が、疑われたことにより何らかの精神的被害を受けたことは否定できませんから、その精神的被害に対しては相応の謝罪と賠償が必要となります。

　ただ、賠償額としてどの程度の金額が必要かといいますと、その具体的な状況・事情によります。

　もし仮に、その客が何ら万引と怪しまれるような行動をとっておらず、普通の客として振る舞っていたのに警備員が勘違いして万引だと疑った場合、言い換えれば、疑われたことにつきその客に何らの落ち度もないような場合には、数万円程度が適当な賠償額でしょう。また、単に疑ったというのみならず、衣服の下まで身体検査をしたというような場合であっても、賠償額としては10万円程度が限度でしょうから、仮に客がこの金額を超える額を慰謝料として要求してきている場合には、その超える部分については支払いできない旨明確に伝えるべきです。

　また、その客が、万引と疑われるようなあやしい行動をとっ

> **撃退ワンポイントアドバイス**
>
> ● 「ご迷惑をおかけしました。金○○○円でご容赦いただけないでしょうか」

ていた場合には、「李下に冠を正さず」との諺のように、その客自身にも落ち度があると言えますので、賠償額も、何らの落ち度もない場合に比べると、少額ですむことになります[*1]。

　提示した金額で客側も納得すれば問題はありませんが、客が多額の慰謝料を要求し、示談交渉がまとまらない場合であっても、小出しに妥協するようなことはせず、支払えないものは支払えないと明確に伝えるべきです。一度妥協してしまうとなし崩し的となり、結局多額の賠償に応じざるを得ない状況になりますので、不当な要求に対しては最初から毅然とした態度をもって臨むのが最良の解決策です。

　その上でⅧ-⑦（120頁）の場合と同じように、こちら側の提示金額を文書化して相手方に送付し、その際示談書を同封しておき、示談書の返送を待つという方法が有効です。

　また、その客が多額の慰謝料を要求して店内でわめきちらしたりするような場合には、そのような行為が刑法の強要罪[*2]や威力業務妨害罪[*3]に該当する可能性もありますので、その旨警告して穏便に引き取るよう諭すとよいでしょう。

　さらに、万引と疑われた客が店長やその他の店員に「土下座して謝れ」という類の要求をするのもよく耳にする話ですが、民法は、損害賠償については金銭で行うことを原則としていますので[*4]、特に他の客の前で不当に恥をかかせたような場合以外には、「大変失礼いたしました。深くお詫びします」と言って頭を下げる程度であり、土下座までする必要はありません。購

入した商品に穴が空いていたと、お店にクレームをつけ、店員に土下座を強要した事件では、土下座を強要した者が強要罪容疑で、逮捕されたケースもあります。

注

＊1　民法 722 条 2 項（損害賠償の方法及び過失相殺）
被害者に過失があったときは、裁判所は、これを考慮して、損害賠償の額を定めることができる。

＊2　刑法 223 条 1 項（強要）
生命、身体、自由、名誉若しくは財産に対し害を加える旨を告知して脅迫し、又は暴行を用いて、人に義務のないことを行わせ、又は権利の行使を妨害した者は、3 年以下の懲役に処する。

＊3　刑法 234 条（威力業務妨害）
威力を用いて人の業務を妨害した者も、前条の例による（233 条は 119 頁参照）。

＊4　民法 722 条 1 項、民法 417 条（121 頁参照）

＊5　しまむら土下座事件
店員に謝罪強要容疑の女を逮捕
　衣料品店で購入した商品が不良品だとクレームをつけ、従業員に自宅に来て謝罪するように約束させたとして、北海道札幌東署は 7 日、札幌市白石区の介護職員（43）を強要容疑で逮捕し、発表した。容疑者は「強要した覚えはない」と容疑を否認しているという。
　同署によると、容疑者は 9 月 3 日午後 6 時ごろ、札幌市東区の衣料品店で商品に欠陥があるとクレームをつけ、パート従業員の女性（32）らを土下座させ謝罪することを紙に書かせて約束させた疑いがある。同署によると従業員 2 人が土下座している姿の写真がツイッターにアップされるなど話題になっていた。
（朝日新聞 2013 年 10 月 7 日）

Ⅷ-⑩

Q 納品後1か月で、いきなり引取り要求をされた

通信販売で地元の農協の果物ジュースを納品しました。1か月以上たってから、こんな舌ざわりの悪いジュースだとは思わなかったと、全品返却を求めてきました。繊維分を残したジュースを売り物にしていて、決して不良品ではないのですが……。

A 返品に応じる必要はない

通信販売の場合には、原則としてクーリングオフができませんので、お客がクーリングオフを理由に解除等を主張してきても、依然として契約は有効です（もっとも、取引きが電話勧誘販売に該当する場合にはクーリングオフの規定があり、平成20年の特定商取引法改正により、通信販売の場合にも、類似の制度として、返品の可否・条件・送料負担者を広告に表示していない場合は、8日間以内に申し出れば、送料消費者負担での返品（契約の解除）が認められるようになっています[*1]。）。

また、客の主張する「舌触りが悪い」ということが商品（本件ではジュース）として通常有している品質を欠いているというのであれば、お客は契約を解除することも可能ですが（不完全履行を理由とする解除[*2]、または、瑕疵担保責任[*3]）、本件のジュースはもともと繊維質を残しているという、そういう品質のジュースなのですから、特に欠陥品とも思えず、客は契約を解除できません。

あなたとしては、客に対し請求書を送付しておけばよいでしょうが、念のため「売買契約は正当に成立しており解除はで

撃退ワンポイントアドバイス

● 「そういう品質の商品で、欠陥ではありません。代金はお支払いください」

きない」ということを文書で通知しておくのもよいでしょう。

　なお、もし、客がジュースを送り返してきた場合には、これを保管しておけばよく、再度送り返す必要はありません。もちろん、代金請求も可能です。

注　＊1　特定商取引に関する法律15条の2（通信販売における契約の解除等）
　通信販売をする場合の商品又は指定権利の販売条件について広告をした販売業者が当該商品若しくは当該指定権利の売買契約の申込みを受けた場合におけるその申込みをした者又は売買契約を締結した場合におけるその購入者（次項において単に「購入者」という。）は、その売買契約に係る商品の引渡し又は指定権利の移転を受けた日から起算して8日を経過するまでの間は、その売買契約の申込みの撤回又はその売買契約の解除（以下この条において「申込みの撤回等」という。）を行うことができる。ただし、当該販売業者が申込みの撤回等についての特約を当該広告に表示していた場合（当該売買契約が電子消費者契約及び電子承諾通知に関する民法の特例に関する法律（平成13年法律第95号）第2条第1項に規定する電子消費者契約に該当する場合その他主務省令で定める場合にあつては、当該広告に表示し、かつ、広告に表示する方法以外の方法であつて主務省令で定める方法により表示していた場合）には、この限りでない。
　2　申込みの撤回等があつた場合において、その売買契約に係る商品の引渡し又は指定権利の移転が既にされているときは、その引取り又は返還に要する費用は、購入者の負担とする。

＊2　民法541条（76頁参照）

＊3　民法570条（売主の瑕疵担保責任）
　売買の目的物に隠れた瑕疵があったときは、第566条の規定（契約解除）を準用する。（以下略）

Ⅷ-⑪

Q エアコンの故障は引っ越しの事故と言われた

引っ越し運送をした顧客から、半年後に「エアコンが動かなくなっているが、引っ越しのときの乱暴な取扱いが原因だから弁償してくれ」と言われました。証拠がないので、言いがかりだと思うのですが。

A 故障の立証責任は相手方にある

　客の主張に証拠がないとしてもそれだけで直ちに、言いがかりとは言い切れませんが、証拠もないのにそんなことを言ってくるのは少し問題でしょう。しかし、一応は耳を傾け、なぜ引っ越しが原因と考えるのかを聞いてください。

　エアコンの故障が引っ越しに起因することの立証責任は、相手方にあります。引っ越しの半年も後にそんなことが起こることは普通あり得ませんから、よほどはっきりした理由が示されない限り断るべきでしょう。相手はお客さんですから全面的にはっきり断りにくいものですが、丁寧な言葉は使っても、断りははっきりと言葉を濁さずにしなければ誤解を招きます。

　また、このケースでは調査に来いと言われても、その調査は相手方がエアコンの製造者に頼んですべきことですから、当方にはその必要もないと思われます。

撃退ワンポイントアドバイス

● 「お話は伺いましたが、当社といたしましては、エアコンの故障は引越しによるものとは考えませんので、ご要求には応じられません」

VIII-⑫

Q ウェディングドレスの納品日を間違えた

客の注文していた特注ウェディングドレスの納品日を社員が間違え、結婚式に間に合いませんでした。貸衣装を提供しましたが、花嫁は「精神的ショックが大きく、ハネムーンをキャンセルした」と言って、キャンセル料などの損害賠償や精神的苦痛への慰謝料を請求してきています。

A キャンセル料まで負担する必要はない

　本件のウェディングドレスのように約束の日（本件では結婚式）に遅れてしまっては、たとえその後商品を提供しても意味がないような場合、民法は、約束の日に提供しなければ相手方は契約を解除して契約違反者に対し損害賠償を請求することができるとしています。
　したがって、たとえ貸衣装を提供するなどの代替措置を講じたとしても、相手方が解除すれば、ドレス代を受け取っていたとすればそれは返還しなければならず、加えて相手方に何らかの損害が生じている場合にはこれを賠償しなければなりません。
　ただ、民法は、契約違反による損害賠償については、原則として違反者はその契約違反から「通常生じる損害」についてのみ賠償すればよいとしています。結婚式の衣装が遅れたからといって普通はハネムーンのキャンセルまではしないものですから、ハネムーンのキャンセル料は「通常生じる損害」には含まれません。したがって、あなたはそのキャンセル料まで負担する必要はありません。
　次に、花嫁の精神的苦痛についてですが、特注のウェディン

撃退ワンポイントアドバイス

- ●通常生じる損害の範囲で対応する
- ●納品遅れに相手方の不注意も関係していれば、過失相殺を求めることもできる

グドレスを晴れ舞台で着ることができなかったことは、物に関する損害とは言え、交通事故等の不法行為で生じた物の損害のように、精神的損害が発生しないと考えられるものではありません。

　結婚式は生涯のイベントであり、その日のために特にこだわりを持って注文した特注のウェディングドレスを晴れ舞台で着ることができなかったことによって、花嫁に精神的損害が発生する可能性は高いと言えます。こういった心情は、ウェディングドレスを仕立てる業者側にも容易に想像でき、通常生ずべき損害として相応の慰謝料を支払う必要があるでしょう。[*4]

　具体的な慰謝料額については、裁判になれば、裁判所の自由裁量に委ねられていますが、貸衣装として高級ウェディングドレスを提供して結婚式を行った等の精神的損害を縮小させる方向の事情、花嫁が母から引き継いだ物がウェディングドレスの一部になっている等ドレスに対する特別の思い入れ等精神的損害を拡大させる方向の事情など多くの要素を考慮する必要があり、算定が困難な面がありますので、弁護士に相談されることをおすすめします。

　なお、ウェディングドレスという商品の性質上、納品の数日前から緊密な連絡や問い合わせがあるのが通常です。今後同じようなトラブルを防止するという意味からも、なぜ納品日を間違えるようなことになったのか、その経過の調査をしておくべきでしょう。その過程の中で相手方にも不注意があれば損害については過失相殺で減額されるでしょう。

注 *1　民法 542 条（定期行為の履行遅滞による解除権）
契約の性質又は当事者の意思表示により、特定の日時又は一定の期間内に履行をしなければ契約をした目的を達することができない場合において、当事者の一方が履行をしないでその時期を経過したときは、相手方は、前条の催告をすることなく、直ちにその契約の解除をすることができる。

*2　民法 545 条 3 項（解除の効果）
解除権の行使は、損害賠償の請求を妨げない。

*3　民法 416 条 1 項（損害賠償の範囲）
債務の不履行に対する損害賠償の請求は、これによって通常生ずべき損害の賠償をさせることをその目的とする。

*4　裁判例には、船での移動が目玉商品であるハネムーン旅行を申し込んでいたのに、旅行業者の都合で小型水上飛行機移動に変更された事案において、船での楽しみの機会を奪われたとして旅行代金の 3 分の 1 程度の慰謝料を認めた事案（東京地裁平成 9 年 4 月 8 日判決／判例タイムズ 967 号 173 頁）などがあります。

Q 中元の商品が遅れてしまった

中元の注文を受けたが、商品の手配が間に合わず、盆をすぎてしまった。客は、届け先が大切な得意先だったのに、中元遅れがもとで商談が駄目になったと多額の損害賠償を求めてきました。

A 特定日までに送る契約かどうかが問題

　中元商品は、約束の日に遅れてしまってはたとえその後商品を提供しても意味がないものと言えますので、Ⅷ-⑫（131頁）で説明したとおり、約束の日に提供しなければ相手方は契約を解除して契約違反者に対し損害賠償を請求することができます[*1,*2]。なお、裁判例は中元用うちわにつき「約束の時期に履行するのでなければ契約の目的を達することができない債務」であると判断しています[*3]。

　したがって、相手方が契約を解除すれば商品は当方で引き取らなければならない上（もちろん代金の請求もできず、すでに代金を受け取っている場合には、これを返還しなければなりません）、相手方に別途損害が生じている場合にはこれを賠償しなければなりません。

　しかし、前述している通り、民法は、契約違反による損害賠償については、原則として違反者はその契約違反から「通常生じる損害」についてのみ賠償すればよいとしています[*4]。とすれば、中元商品が遅れたからといって、通常は得意先を失うというものではありませんので、得意先を失ったことに基づく損害については賠償する必要はありません。

　ただ、あなたが中元商品を期日に間に合わせなければ相手方

が得意先を失うことになるだろうということをあらかじめ認識していたか、認識することが可能であった場合には、得意先を失ったことについての損害も賠償しなければなりません[*4]。もっとも、実際にはそのような場合は極めて少ないでしょうから、得意先喪失についての賠償責任を負わされることは稀でしょう。

撃退ワンポイントアドバイス

● 「お得意様に関する賠償はご容赦ください」

注　＊1　民法542条（133頁参照）

＊2　民法545条3項（133頁参照）

＊3　大審院大正9年11月15日判決／大審院民事判決録26巻1779頁。

＊4　民法416条1項（133頁参照）、以下は同条2項。
2　特別の事情によって生じた損害であっても、当事者がその事情を予見し、又は予見することができたときは、債権者は、その賠償を請求することができる。

Q 宅配の書類紛失で多額の賠償要求

宅配便でビジネス書類を扱ったところ、ドライバーのミスで紛失してしまいました。規定の保険金額を支払いに行ったところ、代替不能の高価な絵が入っていたと、多額の賠償金を求められています。

A あらかじめ告げられていない限り通常の賠償でよい

本件はまず、本当に高価な絵が入っていたのか、そうならなぜそんな高価なものを宅配便にしたのかが問われます。

また、商法578条[*1]は、運送規約による高価品の特則を定めています。そこにいう高価品とは、容積または重量の割に著しく高価な物品をいいますが、高価品の運送を委託する場合に種類、価額を明らかにして運送を頼まなければ、高価品に合わせた賠償はする必要がないことになっています。高価品と告げられれば、運送業者の方も取扱いが慎重になり、保険もつけられるという趣旨なのです。

また、運送契約における債務不履行だけでなく、不法行為責任についても検討しておく必要があります。一般的には、通常生ずべき損害のみが賠償の対象となりますが、例外的に債務者の方で予見し、または予見することができた場合は特別な損害も賠償の対象となります。高価品の損害は、上記のようにあらかじめ告げられていれば賠償されることとの兼ね合いで、何も告げられていなければ普通の品が入っていると考えられますので、通常生ずべき損害に当たらず特別損害に分類されます。

この場合、運送人が高価な絵画が入っていることを予見できた場合は、その価額での賠償の問題となってきます。

ビジネス書類の普通の宅配便に、高価な絵画が入っているなど普通はわかりませんから、あらかじめ告げられていない限り、高価品の賠償は不要でしょう。

撃退ワンポイントアドバイス

● 「宅配便にそんな高価な絵が入っているとは考えられませんでした」

注　＊1　商法 578 条
　　貨幣、有価証券その他の高価品については荷送人が運送を委託するに当たりその種類及び価額を明告したるに非ざれば運送人は損害賠償の責に任ぜず。

Q ゴルフ宅配便の送り先を間違えた

ゴルフ宅配便の送り先のゴルフ場を間違えたので、顧客にはその日は貸しクラブでプレーしてもらいました。貸しクラブ代は払ったのですが、イライラしてショットがうまくいかず恥をかいたので、慰謝料を払えと言われて困っています。

A 貸しクラブ代で謝罪すれば足りる

　自分のゴルフクラブが使えなかった程度では、通常、心身に加えられた違法行為で精神的損害が発生したとまでは言うことはできず、慰謝料の請求はできません。しかし、目的を達しなかったことは確実ですから運賃は返さねばなりません。損害賠償としては、貸しクラブ代を払って、謝罪すれば、通常は足りるといえるでしょう。

　プロゴルファーの場合は、別の問題があります。自分のクラブが使えなくて思い通りのプレーができず、賞金がもらえなかった場合、その実力相当の賞金を払わねばならないのかの問題があります。運送業者側が、プロゴルファーの試合用のクラブと知っていたら、高価品に類した責任があり、貸しクラブ代で済ませることはできません。入賞の可能性というのは確実性が乏しく確実な損害とは言えませんが、過去の成績などからある程度の補償はやむを得ないでしょう。

撃退ワンポイントアドバイス

● 「運賃と貸しクラブ代の範囲でご容赦ください」

Ⅷ-⑯

Q 旅客自身の時差による判断ミスをツアーコンダクターの責任と言う

海外旅行で団体客の中からオプショナルツアーの申込みを受けました。しかし、集合約束時間になっても来なかったので、施行後キャンセルでペナルティを要求したところ、「時差があって勘違いした。ツアコンの責任だ」と居直ります。

A キャンセル料は請求可能

　契約上そうした不参加、キャンセルにペナルティが定められていれば当然請求できるでしょう。定められていなければ、それによって生じた損害を立証して賠償請求することになるでしょう。

　海外に行けば時差が発生することは当然のことで、海外旅行に行く人が知らないわけがありません。そして、現地での行動が現地時間で行われることもわざわざ説明するまでもなく当然のことで、おそらく真相は、その客が自分の目覚ましの調整を忘れていたというようなところでしょう。

　客の主張はまったく的はずれと思われますから、まともに相手にする必要はありません。丁寧にかつ断固として対応してください。

撃退ワンポイントアドバイス

● 「現場での行動が現地時間で行われることは当然のことです。キャンセル料はお支払いください」

Q 海外旅行の予定が狂ったとクレーム

団体の海外旅行を行ったところ、滞在国の政情不安で、予定の観光地を経由できなかったことにクレームをつけて、予定の旅行ではなかったので契約違反だから旅行代金を全額返還しろと言う客がいます。

A 目的地変更に応じた旅行代金の調整は必要だが、全額を返金する必要はない

　旅行会社と旅行者との間の旅行契約の主内容は、「標準旅行業約款*1」において定められています。この中で、旅行会社は一定の場合には一定の条件の下で旅行内容を変更することができるものとされており、そこに定められている条件を遵守した上での旅行内容の変更であれば旅行会社には約款に定められている以上の責任は生じません。

　つまり、天災地変・戦乱・暴動・運送・宿泊機関等の旅行サービス提供の中止・官公署の命令・当初の運行計画によらない運送サービスの提供等のいわゆる不可抗力の場合と旅行会社の関与し得ない事由により旅行の安全かつ円滑な実施を図るためにやむを得ない場合には、旅行会社はその事情を予め旅行者に説明しておくことで、旅行内容を変更することができるのです（標準旅行業約款13条）。

　本件では、滞在国の政情不安定を理由に目的地を変更していますから、変更が天災地変等不可抗力によるものであり、かつそのことを説明しているのであれば変更は正当であり、旅行者の請求に応じる必要はありません。もちろん、実費の変動に応じた旅行代金の調整は別途必要ですが、標準旅行業約款に定める変更補償金も支払う必要がありません。

宿泊施設や航空会社のオーバーブッキング等により不可抗力ではないけれども、旅行会社の関与し得ない事由による目的地変更が必要となった場合、旅行会社は標準旅行業約款の規定により、旅行者に変更補償金を支払う必要があります。変更補償金額は、旅行開始前に目的地の変更を通知した場合、旅行代金の１％（契約書面のツアー・タイトル中に記載があった場合は2.5％）、開始後の通知ならば２％（契約書面のツアー・タイトル中に記載があった場合は５％）となっています。いずれにしても、目的地の変更がやむをえない場合ですので、変更補償金の支払いと旅行代金の調整は行わなければなりませんが、旅行者のその他の請求に応じる必要はありません。

　例外的に、当初から政情不安により変更になるものであることを予見できており、あるいは予見可能であったのに、あえてその目的地を観光可能という前提で旅行内容を定めていた場合には、旅行会社は、故意・過失ありとして、旅行者に生じた損害の賠償責任を負う可能性があります（標準旅行業約款27条）。その一方で、旅行者もその事実を認識しつつ申し込んでいた場合は、精神的損害との相当因果関係がないと評価されあるいは、過失相殺として賠償額を減額される場合もあるでしょう。損害の内容は、当該目的地を観光できなかったことによる精神的損害ということになります。

撃退ワンポイントアドバイス

- 約款の定めにより、一定の条件下では予定地の変更ができる
- 「観光できた部分の費用は、ご負担願えませんか」

注　＊１　平成26年４月21日 消費者庁観光庁告示第１号

Q 共同事業の計画を一方的に破棄された

建設業者の勧めで造り酒屋をやめて、マンション経営をすることになり、事業整理をして酒蔵を取り壊しました。しかし、建築コストが予想外に上昇したので計画は白紙にしたいと建設業者から急に言われました。建設業者に対して損害賠償を請求できるでしょうか。

A 損害賠償請求は可能ですが、請求可能額は限定されます

●共同事業契約は成立していたかどうか

ご質問からはよくわかりませんが、事業の準備契約を締結していたのではなさそうです。準備契約がある場合には、違約の場合の取扱いを規定するのが通常で、その規定に基づいて違約金を請求できることになります。

そのような準備契約がないとしたら、あなたは損害賠償を請求できるのでしょうか。

まず、考えるべきことは共同事業契約が成立していたかどうかです。

たとえば、あなたが土地を提供し、建設業者はマンション建設資金を提供した上でマンションを建築してマンション経営をするというような契約です。このような契約が成立していたとすれば、建設業者はマンションを建築する義務があり、あなたは土地を提供する義務があったということになるので、かかる義務に違反する行為はできません。かかる義務に違反してマンションを建築することを放棄するのであれば、建設業者は債務不履行責任を免れないでしょう。

これに対して、契約が成立していない場合には基本的に損害

撃退ワンポイントアドバイス
- 共同事業契約があれば賠償請求が可能
- 契約がない場合、事業の準備がかなりすすんでいることを立証する

賠償請求をすることはできません。契約成立までは契約締結するかしないかは自由な決定権限があり（契約締結の自由の原則）、その裏返しとして契約が成立するまでは責任を負わないことになるのです。

　しかしながら、例外的に損害賠償を請求できる場合があります。契約成立を双方が期待することが通常で履行準備を進めるのが当然であるとみられるような段階に達した場合であれば、当事者は誠実に契約の成立に努めるべき信義則上の義務が認められます。かかる義務に違反した場合は、契約準備段階での過失として、不法行為に基づき建設業者に対して責任を追及できるのです。

　この責任はあくまで例外的に認められる責任ですから、成立範囲はどうしても限定的です。その判断は社会通念を基準にして契約成立が期待できる段階と言えるかどうかにより決する他ありませんので具体的事案をよく検討しないと成立するかどうかはなんとも言い難いところがあります。

　あなたのご質問の内容だけではなんとも言えませんが、たとえば、あなたが先走ってマンションの建設設計図くらいしかできていない段階で、酒蔵を取り壊したのであれば、契約成立を期待できる状況とは言い難く、建設業者に責任を認めることは無理でしょう。反対に、マンション建設に関しての具体的計画が固まり、周辺住民へ説明会を開く等しているような場合であ

れば、契約準備段階の過失が認められる可能性があります。

●取り壊し費用等は請求できるか

次に、上記どちらかの責任が相手にあるものとされた場合、あなたの損害は何かという点が問題となります。

契約が成立している場合であれば、履行利益まで相当因果関係があるものとされます。本件であれば、取り壊し費用のみならず、マンション経営による所得も損害として賠償請求できるものと思われます。

これに対して、契約未成立だが業者に準備段階の過失があった場合にはどうでしょうか。この場合には、損害は契約成立のため又は準備のために出費した経費等に限定されます。契約不成立と相当因果関係ある損害は、契約成立を信頼したことによって被った損害であると考えられるからです。

本件では、取り壊し費用は請求できるでしょう。また、酒蔵自体の価値があれば、賠償の対象となるでしょうが、あまり高額にはならないように思われます。それから造り酒屋をやめたことに対する賠償も請求できる可能性はあります。造り酒屋を継続していれば得られたであろう所得です。ただし、造り酒屋廃業後、別の仕事で収入があれば、それは控除されます。

また、造り酒屋をやめたため無職というのは許されず、何らかの形で働く努力をしていることが必要です。造り酒屋を継続していれば得られたはずの所得と、現在の実際の所得又は就労したら得られるであろう所得との差額が損害となります。造り酒屋の所得については、過去数年分の税務申告などの資料が必要です。

売買契約の売主に契約準備段階の過失責任が認められた裁判例では、買受代金にあてる資金を借り受けたため金融機関に支払いを余儀なくされた利息相当額の請求を認容しています。[*1]

日本の総合商社が海外の資本家と共同して木材開発輸入業を行おうとしたところ、商社側が一方的に撤退した事例では、契

約成立は否定されましたが、契約準備段階の過失責任が肯定されました[*2]。この裁判例では合弁事業の準備のために出費した経費等の賠償を認めています。

契約準備段階に達していなかったとして、契約準備段階の過失を否定した裁判事例もあります[*3]。

注　*1　最高裁昭和58年4月19日判決／判例時報1082号47頁
　　　　最高裁昭和59年9月18日判決／判例時報1137号51頁

　　　*2　東京地裁昭和60年7月30日判決／判例タイムズ561号111頁

　　　*3　東京地裁昭和59年1月26日判決／判例時報1128号58頁

IX 日常生活上のトラブル―近隣関係

IX-①

Q 私道にガス工事をさせてくれない

自宅に私道を経由して都市ガスを引こうと考えていますが、工事に必要な私道の持ち主が応じてくれません。礼金として50万円要求されましたが……。

A 法的にはガス管をひくことは可能だが、礼金の減額を交渉するのが現実的

　他人の土地を利用する場合、その他人の承諾が得られないときにどのような方法があるかですが、通行に関しては民法、下水道に関しては下水道法で一定の要件の下、他人の土地を利用できることを定めています。

　しかしながら、ガス、上水道、電話などに関しては、特に法律上の明確な規定はなく、解釈に委ねられています。

　一般的な考え方では、民法の相隣関係の規定を類推していきます。もともと、民法の相隣関係の規定は、隣接する不動産相互の調整を目的としたものですから、その考え方を通行や雨水だけでなく、現代の生活においてこれらを利用することは必要不可欠であるガス管、上水道、電話などに広げて考えていくのは納得できるでしょう。

　では、どのような場合他人の土地を利用できるでしょうか。民法210条は、他人の土地の通行に関し、土地が他人の土地または断崖絶壁に囲まれている場合は（この土地を囲繞地と言います）、他人の土地を通行できることを定めています[*1]。これを囲繞地通行権と言います。

　囲繞地通行権が発生するためには、自分の土地だけでは公道につながらないことが絶対条件になります。どんなに遠回りでも公道に接するということになれば、その経路をたどって通行

すればよいのであって、他人の所有権を制限する必要もなく、これを許すことはできないからです。

次に、通行の場所および方法は、通行権を有する者にとって必要であってかつ通行される土地の所有者にとって、もっとも損害の少ない場所と方法を選ばなければならないことになっています。

さらに、この通行によって損害を与えた場合は、これに対する償金を支払わなければなりません。隣接する不動産所有権相互の調整という見地から導かれる要件です。

ただし、元あった土地が分割されて囲繞地ができた場合は、元にあった土地に初めからあった制限という意味で、償金を支払う必要はありません。

下水道についても同様の規定が設けられています。[*2]

ガス管の場合も同様に考えられます。[*3] 単にその場所にガス管を引くのが近くて便利という理由だけでは、その私道を利用することはできませんが、ガスの本管に到達するためにその私道にガス管を引かなければならないという場合は、上記の理論によって権利が認められるでしょう。この場合、損害が発生すれば、償金を支払う必要がありますが、私道に工事をするだけですので、それほど多額の損害が生じるわけではないと思われます。したがって、50万円という金額はやや高額にすぎるようです。

ただし、最終的にガス管を引くのは可能としても、勝手に他人の土地を使ってよいわけではありませんから、承諾を得られなければ裁判所の判決を得て、初めて工事ができるということになります。その費用と時間を考えた場合、50万円という金額が高いと言えるかどうかは考えてみる必要があります。もう少し、減額してもらうように交渉して円満にやるのがベストでしょう。

ちなみに、名古屋地方裁判所昭和48年12月20日判決では、[*4] 坪約5000円の土地に対して、1平方メートル当たり15円（坪

当たり約50円、地価の約1%）の償金支払いと引き換えに上水道配管のための土地の使用を認めています。

撃退ワンポイントアドバイス

- 私道しかガス管工事の手段がないなら認められる
- 所有者の損害には考慮する必要がある

注

*1　民法210条1項（公道に至るための他の土地の通行権）
他の土地に囲まれて公道に通じない土地の所有者は、公道に至るため、その土地を囲んでいる他の土地を通行することができる。

*2　下水道法11条1項（排水に関する受忍義務等）
前条第1項の規定により排水設備を設置しなければならない者は、他人の土地又は排水設備を使用しなければ下水を公共下水道に流入させることが困難であるときは、他人の土地に排水設備を設置し、又は他人の設置した排水設備を使用することができる。この場合においては、他人の土地又は排水設備にとつて最も損害の少ない場所又は箇所及び方法を選ばなければならない。

*3　東京地裁平成4年4月28日判決／判例時報1455号101頁

*4　判例時報750号74頁

IX-②

Q 家の改装で嫌がらせ訴訟をされるが

家の改装工事をすすめていますが、隣家からしょっちゅう訴訟を起こされて閉口しています。境界、日照、通風、騒音など何度敗訴しても、相手はすぐに訴訟を起こし、嫌がらせとしか思えません。

A 不当訴訟の可能性がある。
応訴するとともに反訴の検討を

　裁判の相手方となると弁護士に事件処理を依頼する必要が生じ弁護士費用がかかることになります。法律上は自分のことなら弁護士を頼まなくても裁判はできますが、実際は専門的なことで弁護士に頼まないとスムーズには行きません。相手方の言い分が不当であるにもかかわらず、訴訟の相手方にされることは不愉快ですし、大変なお金がかかってしまいます。

　しかし、裁判に訴える権利は、憲法上すべての人に保障されていますので、基本的に相手方が裁判を起こすこと自体はどうしようもありません。

　ただ、嫌がらせであることが明らかになれば不当訴訟として、それ自体不法行為となりますので、相手方の主張に対して答弁をするとともに同時に弁護士費用を損害として、相手方を被告とした不法行為訴訟を提起することができます。

　たとえば、名古屋地裁平成7年11月21日判決[*1]は、売買代金を求める訴えの提起がなされた事案において、原告代表者は、売買が成立していないことをよく知っていて、その主張する権利または法律関係が事実的、法律的根拠を欠くことも知りながらあえて提起したものであるから、原告の本訴提起は裁判制度の趣旨目的に照らして著しく相当性を欠き、被告に対する不法

> **撃退ワンポイントアドバイス**
>
> ●「あまり無茶な裁判を繰り返されるなら、当方も損害賠償を請求することになりますよ」

行為に当たるものとして、原告はその裁判によって被告に生じた損害を賠償すべき義務を負う、と判断しています。

　不当訴訟を理由とする損害賠償請求はよほどのことでないと認められませんが、あまりひどいときは、一度検討されてはいかがでしょう。

　なお、裁判では勝訴すれば訴訟費用は敗れた側の負担とされますが、この訴訟費用とは印紙・切手、交通費、日当等のごく限られたもので当事者の弁護士費用は含まれていません。そのため、弁護士費用を相手方に負担させるためには、不当訴訟としての別の裁判が必要なのです（ただし、交通事故など不法行為による損害賠償請求については被害者の弁護士費用は、損害の一部として相手に請求できるというのが実務です）。

注　＊１　判例時報1563号126頁

IX-③

Q 住宅工事の音がうるさいから慰謝料を払え

住宅の新築工事をしていたところ、昼間の時間帯しか工事はしていないのに、近隣の住民の1人から「騒音で子どもが寝られないので慰謝料を払え。静かなところにアパートも借りてくれ」と凄まれています。

A 受忍限度の範囲内なら賠償は不要

　工事による騒音が近隣住民に対する不法行為として損害賠償請求の対象とされるかどうかは、その騒音が社会生活上の受忍限度を超えているかどうかにより判断されます。

　具体的には、過去の裁判例を見ますと、①工事の規模・態様（騒音の大小、騒音の継続時間、騒音発生時刻）、②騒音の原因となる行為の正当性、③経済的合理性の範囲内での騒音軽減措置がとられているかどうか、④他の近隣住民の態度、⑤事前の協議や迷惑料支払の有無、などが判断要素として考慮されています。

　この点、本件では、工事は昼間に行われており、しかも住宅の新築工事に過ぎず（マンション一棟全部の新築というような大規模なものではなく）、特に他の近隣住民から苦情が出ているというわけでもなさそうですから、普通は受忍限度の範囲内と言って差し支えないでしょう。裁判例の中には、昼間の工事であっても相手が深夜タクシー運転手であるという事案で30万円の慰謝料請求を認めたものもありますが、その事案では工事の規模がマンション建築というものであり、しかも騒音軽減措置がとられておらず、そのことが重視された感があります。

撃退ワンポイントアドバイス

● 「とくにひどい騒音を出してはおりませんので、ご要求には応じられません」

　このようにあなたの工事は、受忍限度の範囲内と思われますので慰謝料請求に応じる必要はありませんし、また、相手は静かなところにアパートを借りろとも言ってきているようですが、工事音が不法行為に当たらない以上このような要求に応じる必要もありません。

注 ＊1　東京地裁平成9年11月18日判決／判例タイムズ974号168頁
「諸点を総合すると、工事が開始された平成7年4月17日から原告が瀬田のアパートに入居することが可能となったと認められる同年6月12日までの期間に限っては、被告会社から原告の騒音被害を軽減するに足りる適切な措置がとられておらず、原告は一方的に本件工事による前記のような騒音にさらされていたものと認められるから、右の期間中に原告の被った騒音被害は、深夜業に従事していたという原告側の事情その他右に説示した諸事情を考慮に入れてもなお、社会生活上受忍限度を超えるものであったと言わざるを得ない。」として、日中のマンション建設工事による騒音被害について30万円の慰謝料が認められた。

IX-④

Q 真冬に水打ちをしたら、滑って転んだ人から賠償請求

店の前の水打ちをしたところ、真冬で凍結して、その上で滑ってころんだ人がいます。大けがをしたので損害賠償を払えと言います。この地域では、凍結は日常茶飯事ですが……。

A 水打ちと転倒、けがの関係が重要

　民法上故意・過失によって他人の権利を侵害した者は、その損害を賠償することになっています。

　本件の場合、その水打ち行為と相手方のけがの間には条件関係（水打ちがなかったならば、けがもないだろうという関係）はあります。凍結はまずないはずというような気候であったのに、たまたま異常な寒波が到来して凍結したというような場合は、水打ち→凍結→転倒→けがという因果の流れを予見できませんから責任はないと言えます。

　しかし、本件のように凍結が日常茶飯事のような場合は、その水打ちにより滑ってけがをする人がいることも予見できると言えるでしょうから、水打ちの危険性と歩行者のけがとの間に相当因果関係ありと判断されるでしょう。ただ、凍結は日常茶飯事ですと、歩行者も当然これに注意して歩行すべきですから、注意して歩行すべきであったとして大幅な過失相殺（被害者・加害者間の具体的公平を図るため被害者に過失があったときはこれを斟酌する、つまり被害者の過失の割合だけ賠償すべき損害から減額するということ）がされることは間違いありません。

　また、この水打ちの必要性、相当性も検討しなければなりません。地域の長年の慣習で、すべての家で行われているとすれ

撃退ワンポイントアドバイス

● 「水打ちは、このあたりの習慣ですから少し気をつけていただければ、よかったのではないでしょうか」

ば、損害賠償義務はなくなる方に働くでしょうし、とっぴな行為なら責任は重くなるでしょう。

　なお、けがをしたかどうか、そのけがに対しての賠償額が相当かどうかについては言いがかりの可能性もありますから、この点についてはっきりさせた上で、賠償の話に入る必要があることはもちろんです。もっと言えば、打ち水によって凍結した上で転んだこともしっかり立証してもらう必要はあるでしょう。

IX-⑤

Q 勝手に塀を作って請求

転勤で家をあけていたところ、隣の家人が、勝手に家の境界に塀を作っていました。50万円かかったので半額負担してくれといいますが、負担する義務があるのでしょうか。

A 高さ2ｍの塀なら負担する義務が発生します

　民法上、境界線上の塀については、まず、当事者間で協議し、協議が調わない場合は、一方の当事者は2ｍの板塀または竹垣を作ることができます。2ｍの板塀または竹垣であれば、話合いがまとまらなくても勝手に作ることができ、さらに隣地の所有者に費用の折半を求めることができるのです。それ以上の高さ、材質のものは、作った者が負担しなければならないことになっています。

　本件の場合、協議はされていませんのでやや問題がありますが、協議したとしてもまとまらなかったと思われますので、でき上がった塀が高さ2ｍの板塀または竹垣ならば、その半分を負担しなければなりません。板塀または竹垣でない場合は、上記の規定によって、板塀または竹垣で2ｍの塀を作ったとすればいくらになるかを見積もってもらい、その半分を支払えばよいことになります。

　なお、2ｍに満たない塀である場合はどうなるかですが、民法が塀の高さや材質のグレードアップの場合も、塀の設置自体は肯定し、費用負担の範囲で調整したことを考えれば、グレードダウンの場合も、一定の水準のものである限りその高さの板塀または竹垣塀を設置する費用の半分までは支払うことは必要と考えるべきでしょう。

撃退ワンポイントアドバイス

- 境界の板塀・竹垣は2ｍの高さまでは隣人と折半が基本
- 2ｍに満たない塀の場合は、2ｍの高さまで費用折半で上げさせることができる

　ただし、この場合、あなたは塀の高さをさらに2ｍに達するまで上げることができ、その費用の半分（ただし板塀または竹垣の設置費用）を隣地所有者に支払ってもらうことができると考えられます。

注　＊1　民法225条（囲障の設置）
二棟の建物がその所有者を異にし、かつ、その間に空地があるときは、各所有者は、他の所有者と共同の費用で、その境界に囲障を設けることができる。
2　当事者間に協議が調わないときは、前項の囲障は、板塀又は竹垣その他これらに類する材料のものであって、かつ、高さ二メートルのものでなければならない。

＊2　民法226条（囲障の設置及び保存の費用）
前条の囲障の設置及び保存の費用は、相隣者が等しい割合で負担する。

IX-⑥

Q マンションのフローリングトラブル

新しく引っ越したマンションの部屋の床をフローリングにしたところ、階下の住人から、床の騒音が増えてイライラするので元の絨毯の状態に戻してほしいと言われています。

A 元に戻す必要はありません。
しかし、騒音対策は必要です

　難しい問題です。質問を見ると、あなたが床をフローリングにしたことで、階下の住人にあなたが歩く音など生活音が聞こえているようです。

　相手方の請求の根拠を法律的に構成するとなれば、人格権が侵害されたことを理由に請求するということになるでしょう。ここでいう人格権は、具体的に言うと階下の住人が静謐性の保持された空間で生活する権利ということです。

　では、どのような場合に人格権が侵害されたとして違法となり、あなたの行為が不法行為と認定されるのでしょうか。

　人が自分の物を利用することは基本的に自由であり、社会生活を営んでいる以上、その権利を行使することによって、他人の権利とぶつかることはあり得ることですから、ある程度までは「お互い様」という考え方もあり、そうした権利行使が不法行為を構成する場合というのは、一定の限度を越えた場合に限定的に解釈されます。

　その意味で、社会生活上やむを得ないものは受忍すべきで、不法行為と言うべきではないということになります。裁判所もこの考えから、平均人の通常の感覚ないし感受性に照らして、受忍限度を超えたものだけが不法行為を構成すると言います。その判断においては、加害行為（音を出す原因）の有用性、妨

撃退ワンポイントアドバイス

● 「できるだけご迷惑をおかけしないように気をつけますので、ご容赦ください」

害行為の予防の簡便性、被害の程度およびその存続期間、その他の双方の主観的および客観的な諸般の事情が考慮されます。

ご質問のマンション階下の住人が騒音と感じている音は生活音と言えます。生活騒音以外であればまだしも、通常の生活を送る上でやむなしに生じる音ですから、長時間か短時間か断続的か、家族の数により不快感は異なるでしょうが、基本的には大差なく、一般的には受忍限度内とされる性質のものでしょう。

問題はフローリングにしたことによって、絨毯張りの時よりもどの程度うるさくなったか、両者の遮音性の差が重要と思われます。

かかる差が甚だしければ、不法行為を構成するということになる可能性があります。ただし、フローリングの上に絨毯を敷くとかフェルトを貼るなどの措置を講じれば、まず、不法行為は成立しないでしょう。

では、不法行為と言える場合に、階下の住人は原状回復のような防音工事まで請求できるのでしょうか。

工事を求めることは、単純に金銭的な損害賠償を請求するのと異なり効果が強力ですから、要件としてより強い違法性が必要です。

工事の請求が認容されるためには、請求を認めることにより生じる加害者の不利益と、認めないことにより生じる被害者の不利益を比較衡量して判断されます。判断の際、被侵害利益の性質・程度と侵害利益の態様・性質・程度との相関関係を考慮

に入れます。

　同様のケースで、損害賠償請求は認めたが工事までは認めなかった裁判例があります。この例では、フローリングにより防音効果が絨毯張りの場合に比べて4倍以上悪化したこと、2年半以上継続していること、早朝・深夜にわたることがたびたびであったこと、対策が不十分であったこと、対策費用はそれほどかかるものでないこと、階下の住人の事前承認、管理組合への届け出が無かったことが認定されており、損害賠償請求に必要な程度の受忍限度を超えているものと判断されましたが、工事には相応の費用がかかるとして、認めませんでした。

　これに対して、損害賠償も否定した裁判例もあります。この違いは先に説明したように、絨毯張りの床とフローリングの床とで、どれほど騒音が異なるかという点にあるでしょう。

　いずれにしても、ご自分でその音を聞いてみられて、寝ても起きても一日中その音にさらされながら生活することが、普通の人なら我慢できないと思われたら、対策が必要でしょう。

　たいした音でないということであれば、階下の住人の主張は言いがかりとも言えましょうが、同じマンションの住民同士で気まずい思いがあっては住み難いでしょうから、あまりことを荒立てるのは得策とも思えません。とりあえずは部分的にマットを敷くなど、簡単にできる防音対策はできるだけ取った上、動きに気をつけるなどいろいろ工夫をして、騒音を出さないようにし、それでも苦情が出るようならマンションの管理組合と相談するのも一つの手です。

注　*1　東京地裁八王子支部平成8年7月30日判決／判例時報1600号118頁

　　　*2　東京地裁平成3年11月12日判決／判例時報1421号87頁

　　　*3　東京地裁平成6年5月9日判決／判例時報1527号116頁
　　　　　平成14年12月6日　東京簡易裁判所／裁判所ウェブサイト

IX-⑦

Q 犬の吠え声がうるさいから声帯の除去手術をしろと言われている

愛犬がよく吠えるのですが、近所の住人から「声がうるさいので、声帯の除去をしてほしい」求められています。他家の犬も吠えることがありますので、嫌がらせで言っていると思うのですが……。

A 応じる必要はありません。しかし、しつけを含む何らかの防音対策を講じてください

　人間であればいくらやかましい人であっても声帯をとらせることは不可能です。刑罰であれば身体刑ということになりますが、現行刑法上存在する刑罰は死刑・自由刑・罰金刑であり、仮に声帯を取るという刑罰を認める刑法ができた場合には残虐な刑として違憲無効となるでしょう。

　この点、犬等の動物は法律上、物と扱われるため、買主の行う声帯の切除自体は必ずしも違法とは言えません。しかしながら、動物も「動物の愛護及び管理に関する法律」（いわゆる動物愛護法）2条1項で、「動物が命あるものであることにかんがみ、何人も、動物をみだりに殺し、傷つけ、又は苦しめることのないようにするのみでなく、人と動物の共生に配慮しつつ、その習性を考慮して適正に取り扱うようにしなければならない。」と規定され一定の配慮を要請されています。他方、環境省告示「家庭動物等の飼養及び保管に関する基準」においては、「犬の所有者等は、頻繁な鳴き声等の騒音又はふん尿の放置等により周辺地域の住民の日常生活に著しい支障を及ぼすことのないように努めること。」と定め、近隣住民との調整も図っています。

撃退ワンポイントアドバイス

- 裁判所が声帯除去手術を命じた例はない
- 犬の鳴き声で離れた家からの損害賠償請求が認められることは少ない

　本事例に限らず、どのような場合にどのような請求ができるのか、その基準が問題となりますが、基本的には物の利用方法はその物の所有者の自由ですから、社会通念からみて我慢できない程度の騒音で鳴いている場合に、何らかの騒音対策を求めることができるものと言えます。この社会通念からみて我慢できない限度を受忍限度と言います。

　受忍限度を超えた場合、何らかの騒音対策が命じられることは考えられます。しかしながら、犬の声帯除去を命じた例はなく、上記動物愛護法を考慮すれば、今後も裁判所がそのようなことを命じることはないでしょう。うるさい犬を隣地から撤去するよう求めた事例もありますが、認められた裁判例はないようです。考えられるとすれば、「△△地において管理するA犬の鳴き声による騒音を、××地のXらが居住する居宅敷地内に、○○時から○○時までの間、○○デシベルを超えて到達させてはならない」といった、音を届かせないようにする裁判です。

　また、同時に損害賠償を求めることは可能であり、これを認めた裁判例もあります[*1]。

　なお、本件では隣人からではなく近所の人からの請求のようです。近所といってもどの程度あなたの家から離れているかで

すが、ある程度離れているのであれば、受忍限度を超えたという評価は難しいと言えるでしょう。

　そうであれば、騒音対策を求める請求は認められませんし、声帯を除去するという請求が認められることもありません。損害賠償請求も認められないでしょう。

注　＊1　浦和地裁平成7年6月30日判決／判例タイムズ904号188頁（吠え声）
　　　　京都地裁平成3年1月24日判決／判例時報1403号91頁(犬の騒音、悪臭)
　　　　横浜地裁昭和61年2月18日判決／判例時報1195号118頁（〃）

X 日常生活上のトラブル──住宅関係

X-①

Q 老朽化を理由にビルから立ち退き要求

ビルの1室を賃借して飲食店を営んでいますが、そのビルのオーナーが、ビルが老朽化したので建て直すからという理由で立ち退きを求めてきました。しかし、立ち退くと商売を続けていけません。古いとはいえ普通のビル。立ち退かなければならないのでしょうか。

A よほどのことがない限り、追い出されることはない

　建物の賃貸借契約は一般に借家契約と呼ばれ、本件でもあなたはビルの一部を賃借しているわけですから家主との間に借家契約が結ばれていることになり、この借家契約に基づいてあなたはビルの一部を使用することができるわけです。では、この借家契約はどのような場合に消滅するのでしょうか。

　まず、借家契約につき契約期間が定められている場合（一般的には2～3年程度のものが多いようです）には、原則として、家主がその期間満了の1年前から6か月前までの間に契約を更新しない旨の通知（更新拒絶通知）をしている場合に消滅します。また、契約期間が定められていない場合には、原則として、家主があなたに対して解約の申入をしてから6か月経過後に消滅します。

　しかし、更新拒絶通知にしろ、解約申入にせよ、それがなされたからといって必ず借家契約が消滅するというものではありません。契約関係を解消させるだけの「正当の事由」がなければ契約は解消されないのです。本件では、家主側はあなたに立ち退きを要求してきたということですが、直ちに立ち退く必要がないことはもちろん、この立ち退き要求につき「正当の事由」

がなければ、あなたは今後とも立ち退く必要はありません。

そして、どのような場合に「正当の事由」があるとされるかは、

①貸主および借主が建物の使用を必要とする事情のほか、
②建物賃貸借に関する従前の経過、
③建物の利用状況、
④建物の現況、
⑤立退料等の有無やその額、

を考慮して判断するものとされています。

この点、本件の建物の老朽化というのは④の建物の現況の点で、正当事由が認められる方向で考慮されることになり、加えて家主が立退料を支払うと言ってきた場合には、⑤の要素の1つとしてやはり正当事由が認められる方向で考慮されることにはなります。しかし、これら①〜⑤の判断要素の中でも最も主要な要素となるのは、①の建物使用の必要性であり、家主の建物使用の必要性と借主の建物使用の必要性とが比較されることになります。

本件の場合、あなたにとって借家権は生活の維持に必要な権利ですから、よほどのことがない限り、解約の正当事由ありと判断される可能性は少ないと思われますが、もし、仮に正当事由ありと判断される場合は相当な立退料（それで新たな商売を続けることができるぐらいのもの）の補完を条件とする判決がでるものと思われますので、さほど心配することはないと思われます。

なお、こうしたケースは賃料の増額要求や減額拒否などもからみますので、それに伴い種々の法的手続きが必要となってくることが考えられます。法律の専門家である弁護士に相談してみて、方針を決めることをおすすめします。

撃退ワンポイントアドバイス

● 「店は私の生活の基盤ですから出て行くことはできません。どうしてもと言われるのなら、十分な補償金を出してください」

注

* 1　借地借家法 26 条 1 項（建物賃貸借契約の更新等）
建物の賃貸借について期間の定めがある場合において、当事者が期間の満了の 1 年前から 6 月前までの間に相手方に対して更新をしない旨の通知又は条件を変更しなければ更新をしない旨の通知をしなかったときは、従前の契約と同一の条件で契約を更新したものとみなす。ただし、その期間は、定めがないものとする。

* 2　旧借家法 2 条 1 項（略）

* 3　借地借家法 27 条 1 項（解約による建物賃貸借の終了）
建物の賃貸人が賃貸借の解約の申入れをした場合においては、建物の賃貸借は、解約の申入れの日から 6 月を経過することによって終了する。

* 4　旧借家法 3 条 1 項（略）

* 5　借地借家法 28 条（建物賃貸借契約の更新拒絶等の要件）
建物の賃貸人による第 26 条第 1 項の通知又は建物の賃貸借の解約の申入れは、建物の賃貸人及び賃借人（転借人を含む。以下この条において同じ。）が建物の使用を必要とする事情のほか、建物の賃貸借に関する従前の経過、建物の利用状況及び建物の現況並びに建物の賃貸人が建物の明渡しの条件として又は建物の明渡しと引換えに建物の賃借人に対して財産上の給付をする旨の申出をした場合におけるその申出を考慮して、正当の事由があると認められる場合でなければ、することができない。

* 6　旧借家法 1 条の 2（略）

Q 転勤のために貸していたマンションを返してくれない

X-②

転勤のために今まで住んでいたマンションを人に貸していましたが、何年かたって戻ってきたところマンションをあけてくれと頼んだが断られ、いくらかお金を出したら出ていってやると言われました。仕方なく、引越料の名目でお金を払おうかと思うのですが……。

A 引越料の支払いが現実的

　建物の賃貸借契約は一般に借家契約と呼ばれ、契約期間が到来しても家主は「正当の事由」がない限り契約の更新を拒絶することができません。そして、ここでいう「正当の事由」は簡単には認められるものでなく、その結果、借家契約が長期間にわたって存続することはめずらしくありません。

　しかし、平成11年の改正で「定期借家契約」という特別な契約が認められるようになりました。すなわち、①平成12年3月1日以降の借家契約であること、②一定の契約期間を定めること、③契約の更新がないとする旨の特約を定めること、④公正証書等の書面で契約をすること、⑤契約に先立ち賃貸人が賃借人に、定期借家契約である旨を記載した書面を交付して説明すること、という各要件を充足している場合には、その契約は定期借家契約として期間満了をもって正当事由がなくても契約終了による明渡を請求することができます(借地借家法38条)。[*1]

　次に、かなり以前の借家契約であるため、この各規定の適用がない場合でも、期間を短期間に区切って契約しており、かつ転勤中の一定期間のみ賃貸する旨を賃借人に十分に説明し、か

撃退ワンポイントアドバイス

● 「私の転勤中、一時的にお貸ししたものですから、返していただけるはずです」

つ契約時において転勤することと一定期間後再び付近の場所に戻ってくることが客観的に判断できる場合には（たとえば、勤務先から一定期間転勤しその後付近の場所に戻ってくることについての指示書・合意書のようなものがあればベター。それがない場合には当時の上司や人事担当者の氏名・連絡先等をメモしておき後日証人になってもらうという方法が考えられます）、一時使用目的の賃貸借として借家法の規定の適用はなく、「正当の事由」がなくても更新拒絶は可能となります。[*2,*3]

本件が上記の条件に合っているものでしたら、あなたは直ちに借主に対して建物の明渡しを求めることができ、法律上は別途金銭を支払う必要はありません。ただし、明渡しの裁判をし、その後強制執行まですることの費用と時間を考えれば、借主の要求している金額が引越料程度のものにとどまるのであれば、それを支払って自主的に出て行ってもらった方が合理的だと言えるでしょう。

注 　*1　借地借家法 38 条（定期建物賃貸借）
期間の定めがある建物の賃貸借をする場合においては、公正証書による等書面によって契約をするときに限り、第 30 条の規定にかかわらず、契約の更新がないこととする旨を定めることができる。（以下略）
　2　前項の規定による建物の賃貸借をしようとするときは、建物の賃貸人は、あらかじめ、建物の賃借人に対し、同項の規定による建物の賃貸借は契約の更新がなく、期間の満了により当該建物の賃貸借は終了することについて、その旨を記載した書面を交付して説明しなければならない。
　3～7　（略）
　*2　旧借家法 8 条（略）
　*3　最高裁昭和 41 年 10 月 27 日判決／判例時報 467 号 36 頁
賃貸借締結時に、国家公務員たる賃貸人が『近い将来本件家屋から通勤しうる地に転勤してくるまで』との意味で、2 年間の家屋賃貸借がなされ、その後、更新が続けられ約 7 年半以上を経過した場合には、一時使用の賃貸借であることになる。

X-③

Q 立ち退きを拒否したら、家主が鍵を取り替えた

家主が急に変わり、ビルを取り壊して、大規模駐車場を作ると言って、立ち退きを求めてきました。断ったところ、勝手にドアの鍵を変えて店舗に入れなくするなど嫌がらせをします。売上にもひびくので困っているのですが……。

A 被害届や告訴を検討しましょう

　賃貸家屋の所有者が変わった場合であっても、その新しい家主は旧家主とあなたとの間の借家契約に基づく賃貸人としての義務を承継することになります。

　つまり、新しい家主も契約が終了するまであなたに建物を貸す義務があり、これを怠ってあなたに建物を使わせないというのであれば、あなたは新しい家主に対し、生じた損害についての賠償請求ができます[*1]。

　借家契約について、家主側がこれを解除するためには、「正当な理由」が必要なことはX-①（163頁）、②（166頁）で説明したとおりです。

　また、あなたはその建物を店舗として使用しているにもかかわらず、勝手にカギを変えて店舗を使わせなくするなどという行為はまったく無法もいいところで、それに基づく損害賠償の請求はもとより、不動産侵奪罪[*2]や威力業務妨害罪[*3]となるとも考えられますし、民法200条により占有回収の訴えおよびそれに基づく仮処分も可能です[*4]。

　他人が経営している店の鍵を勝手に変えるような相手に、通常の話し合いによる解決を期待するのは無理でしょうから、ま

ず警察に被害届や告訴をし、警察の援助を得て対抗すべきでしょう。

撃退ワンポイントアドバイス

● 「すぐ元の鍵に戻していただかなければ、警察に告訴し、損害賠償も請求します」

注 ＊1　民法 415 条（債務不履行による損害賠償）
債務者がその債務の本旨に従った履行をしないときは、債権者は、これによって生じた損害の賠償を請求することができる。債務者の責めに帰すべき事由によって履行をすることができなくなったときも、同様とする。

＊2　刑法 235 条の 2（不動産侵奪）
他人の不動産を侵奪した者は、10 年以下の懲役に処する。

＊3　刑法 234 条（127 頁参照）

＊4　民法 200 条（占有回収の訴え）
占有者がその占有を奪われたときは、占有回収の訴えにより、その物の返還及び損害の賠償を請求することができる。
2　占有回収の訴えは、占有を侵奪した者の特定承継人に対して提起することができない。ただし、その承継人が侵奪の事実を知っていたときは、この限りでない。

X-④

Q 災害で借家が倒壊したが、敷金などを返してくれない

豪雨洪水で床上浸水した借家が倒壊同然となり生活できる状況ではありません。別の借家を探すために、家主に契約解消と敷金などの返還を申し入れましたが、浸水被害の補填にあてるといって返金してくれないばかりか、床上浸水時の措置が適当ではなかったとして、修繕協力金を要求してきました。何とか敷金を受け取り新しい生活を始めたいのですが……。

A 敷金の返還を受ける権利があります

　賃貸借契約は、双務契約つまり家主は家を貸し、あなたがこれに対して賃料を支払うという双方に義務の発生する契約です。その一方の債務（本件の場合、家主側が人が住むに適するような家を貸す債務）を果たすことができない状態になりますと、契約は当然終了します。これを履行不能による債務の消滅と言います。この場合、契約は効力を失い後は精算の問題となります。あなたが、賃料の滞納等家主に債務を負っていればこれを差し引いて返してもらうことになります。

　修繕費ですが、これは次のように分類されます。
① 　通常の使用での摩耗損傷＝家主負担
　　契約にもよりますが、特段の契約がなければ、家主はあらかじめ契約で定めた敷引等で対応すべきものです。ただし、最近は敷引は認められない傾向にありますので、契約時に礼金などとして受け取る方法が用いられているようです。
② 　特別にあなたまたはあなたの関係者によって生じた損害＝あなた負担となり、敷金から控除されます。

撃退ワンポイントアドバイス

● 「災害による修繕費は家主の負担です。あの大災害で私にどうしろというのですか」

③　天変地異など、あなた・家主のいずれにも責任のない損害＝家主負担

　本件は③に当たるので、あなたが特に損壊した部分がなければ、敷金の返還を請求できるでしょう。家主が返還してくれなければ、法的手続きを取るしかありません。この点、新民事訴訟法で少額事件訴訟の制度ができ、請求するべき敷金額が60万円以下であれば、簡易な手続きができることになりましたので、簡易裁判所で相談されてこの手続きを取られてはいかがでしょうか。金額が大きければ弁護士に相談してください。

　あなたの床上浸水時の措置が適当ではなかったため損害が拡大したということですが、普通のことを普通にしていても損害が発生したのであれば、あなたに責任はありません。何かその対策に特に不注意があり、損害が拡大したという場合であれば、その金額は負担する必要がありますが、自然災害などの場合、普通はそういうことはあまりないでしょう。

　なお、阪神大震災で、家屋が倒壊した場合に契約による敷引の条項が働くかどうかの問題がクローズアップされました。最高裁は、火災、震災、風水害等で当事者が予期しない時期に賃貸借が終了した場合にまで敷引金を返還しない合意は認められず、敷引金額も返還すべきと判断して、決着をみています。[*1] 罹災都市借地借家臨時処理法が適用された阪神大震災のような大災害の場合には、一定の要件下で借家人が借地権を取得して、その土地上に自分で家を建てることができることもありますので、弁護士に相談してみてください。

注　*1　最高裁平成10年9月3日判決／判例時報1653号96頁

XI 日常生活上のトラブル—その他

XI-①

Q 落とし物の拾い主が過大な要求をする

現金数万円と時計の入った鞄を落とし、拾い主が届けてくれたのですが、高い時計も入っていたので、謝礼として10万円はもらいたいと要求されて困っています。

A 時計の中古価額と現金合計の5〜10％が10万円くらいなら支払うべき

　他人の落とし物を拾った人が、その物の所有者に対してお礼を請求できることを定める法律は遺失物法です。同法28条には遺失した物件の返還を受ける者は「物件の価格の100分の5以上100分の20以下に相当する額の報労金を拾得者に支払わなければならない。」と記載されています。

　ここにいう「物件の価格」とは、落とし主がその落とし物の返還を受けることによって得る経済的利益を考慮して定めるべきものと言われます。

　たとえば、日銀小切手を落とした場合には、小切手額面そのものではなく、流通性、支払方法、現金化の可能性等が考慮されます。裁判では、その流通性の乏しさ、支払提示方法の制限に鑑み、遺失により現金化の可能性はなくかつ善意取得される可能性は絶無ではないが極めて低いとしてその物件の価額を額面の2％と定めた判決があります[*1]。また、約束手形の場合であれば善意取得の可能性が高いことを考慮して、支払期日、裏書の有無等により額面の2分の1、3分の1とした判決もあります[*2]。「物件の価格」を認定するにあたって日銀小切手と約束手形の違う点は換金可能性の差にあります。

　では、あなたの場合はどうでしょう。当然、現金は額面どおりとなります。時計については、中古市場において流通性があ

撃退ワンポイントアドバイス

● 「落し物の値打ちは、……くらいなのですが……」

　るようなものであれば、時価が算定できるでしょうからその価格となりますし、流通性がないようなものであれば、困難ですが購入時の価格に減価償却した金額と考えればよいでしょう。期間にもよりますが、新品に近ければ7割くらい、相当年数経過していれば3割くらいの価格を「物件の価格」と考えるのがよいのではないでしょうか。

　では、拾い主は、いくら報労金を請求できるのでしょうか。先の遺失物法28条1項によれば拾得者は報労金請求権として、物件価格の5％から20％を請求できることになっていますが、どのような場合に「物件の価格」の20％を請求できるのでしょうか。

　これは、ある裁判では5％としたり、別の裁判では10％としたりするなど、裁判上明確ではありません。裁判所も、争いがある場合には諸般の事情を考慮して裁判所が決めることができると言うだけです。ただ、20％の報労金請求を認めた裁判はないようです。したがって、あなたの落とした物の合計額が200万円を超えるようなら、拾得者の請求もやむを得ないと言えるでしょう。無事返ってきてよかったと考えて、5～10％程度は支払ったらいかがでしょうか。それ以上要求されても、必ずしも言いがかりとは言えませんが、調停、裁判などにより第三者の判断を求めるようにしたらよいでしょう。

注　＊1　東京高裁昭和58年6月28日判決／ジュリスト863号98頁、判例時報1083号91頁

　　　＊2　東京地裁平成3年5月30日判決／判例時報1420号103頁

XI-②

Q レンタル DVD の返済遅れで多額の賠償請求

レンタル DVD を返し忘れていたところ、半年ほどたってから、DVD の延滞金の回収だといって男がやってきて、延滞金として、10 万円も請求されました。男は、店の店員ではなく、店から回収を委託された業者と称しているのですが……。

A 新品の代金が上限でしょう

　難しい問題です。あなたの方からは、新品の DVD を購入してもせいぜい 1 万円までのものなのに 10 万円も支払うのはおかしいと思われるでしょうし、店としてはその DVD をちゃんと返してもらっていれば、次々と借りる人がいて 10 万円の利益はあがったはずだということになります。

　理論的に言えば、あなたは数日間借りる契約をしているだけですから、それを過ぎても返さなかったことは債務不履行にあたり、損害賠償債務を負います。その額は通常レンタル料相当額ということになるでしょうが、その間フルに客があったとは限りませんし、本件の場合、半年も放置していたということで、お店の方にも問題があり、この請求は言いがかりに近いものでしょう。

　つまり、返還を強く求める行動をしたり、連絡がとれないなど速やかな返還が期待できない状態となれば、別に商品を用意して他の客のニーズに応える準備をして、レンタル料の喪失を防ぐことができたということです。

　結局、賠償額の上限は、その DVD の新品価額程度（通常数

撃退ワンポイントアドバイス

- 「こんなに長期間放置された店にも責任があると思います。新品の価額を超えるようなご請求はお断りします」

千円）でしょう。なお、消費者契約法10条は、消費者に不当な不利益を与えるような契約は無効としています。

　なお、この延滞金を回収にきた業者についてですが、債権譲渡の場合、譲り渡し人（店）から債務者であるあなたに対して、譲渡の通知がない限り、有効ではありませんから、話し合いができてもその支払いはレンタル店に十分確認した上で行ってください。

XI-③

Q インターネット上で嫌がらせをされている

インターネットの伝言板で、いろいろと批判的な意見を書いたところ逆恨みされ、インターネットの電子掲示板で私の実名・会社名をあげられ、公金を横領しているなど、誹謗中傷の噂話を書き込まれて困っています。

A プロバイダ、サーバの管理・運営者等に対して書き込みの削除を要請することができる。また、これらの書き込みは、名誉毀損に該当し、刑事民事の責任追及ができる。

　特定電気通信役務提供者の損害賠償責任の制限及び発信者情報の開示に関する法律（通称「プロバイダ責任法」）が、平成14年に施行されました。この法律は、プロバイダ、サーバの管理・運営者等に対して書き込みの削除を要請することができることを前提に法律ができています[*1]。

　相手方の行為自体は、公然事実を摘示したことになり刑法230条の名誉毀損罪に該当し[*2]、民法上も不法行為と言えます。ですから、電子掲示板に書き込みをした相手に、民法上の損害賠償を請求でき、かつ刑事上の処分を求めるべく告訴もすることができます。

　そのためには、書き込みをした者が誰であるかがわからなければどうしようもありませんが、プロバイダ責任法では、自己の権利を侵害されたとする者は、

① 権利の侵害が明らかであること
② 発信者の特定に関する氏名、住所等の情報が損害賠償請求権の行使のために必要である場合など、開示を受けるべき正

撃退ワンポイントアドバイス

- プロバイダ、サーバの管理・運営者等に対して書き込みの削除を要請
- これらの書き込みは、名誉毀損に該当し、刑事民事の責任追及ができる。

当事由があること
を要件として、プロバイダ、サーバの管理・運営者等に対して、発信者情報の開示を求めることができることになっています。[*3]

書き込みの削除要請はともかく、発信者情報の開示となると、プロバイダ、サーバの管理・運営者等も、個人情報を開示するわけですから、簡単には開示してくれないようです。最終的には開示の訴訟が必要となります。また、訴訟をするにしても、その前に、発信者情報（ログ）の消去禁止を求める仮処分等も必要となってきます。

弁護士に相談して進めていくのが最善でしょう。

場合によっては、書き込みの削除がされなかったことで、プロバイダ、サーバの管理・運営者等に損害賠償を求めることができることもあります。

注 ＊1　プロバイダ責任法3条2項2号（損害賠償責任の制限）
特定電気通信による情報の流通によって自己の権利を侵害されたとする者から、当該権利を侵害したとする情報（以下この号及び第四条において「侵害情報」という。）、侵害されたとする権利及び権利が侵害されたとする理由（以下この号において「侵害情報等」という。）を示して当該特定電気通信役務提供者に対し侵害情報の送信を防止する措置（以下この号において「送信防止措置」という。）を講ずるよう申出があった場合に（以下略）

＊2　刑法230条1項（119頁参照）

＊3　プロバイダ責任法4条1項（発信者情報の開示請求等）
特定電気通信による情報の流通によって自己の権利を侵害されたとする者は、次の各号のいずれにも該当するときに限り、当該特定電気通信の用に供される特定電気通信設備を用いる特定電気通信役務提供者（以下「開示関係役務提供者」という。）に対し、当該開示関係役務提供者が保有する当該権利の侵害に係る発信者情報（氏名、住所その他の侵害情報の発信者の特定に資する情報であって総務省令で定めるものをいう。以下同じ。）の開示を請求することができる。
一　侵害情報の流通によって当該開示の請求をする者の権利が侵害されたことが明らかであるとき。
二　当該発信者情報が当該開示の請求をする者の損害賠償請求権の行使のために必要である場合その他発信者情報の開示を受けるべき正当な理由があるとき。

XII 損害賠償

XII-①

Q 地震による車庫の損壊で損害賠償要求

地震で貸しガレージの塀が壊れて、借り主の車が損傷しました。ブロック塀に問題があったと損害賠償を請求されています。

A 近所のブロック塀は倒れましたか 回答はそこにあります

　ブロック塀は土地の工作物ですから、設置・管理に瑕疵（通常有すべき性能・安全性を欠いていること）があり、それが原因で壊れ、車を損傷したような場合は、その所有者、管理者は損害賠償責任を負います。

　問題は、質問の塀にブロック塀として通常有すべき性能・安全性があったか否かです。

　筆者はこのような場合の基準として、まわりのブロック塀で10件の内7件倒壊しているようなら責任なし、10件の内1件しか倒れていないような場合は責任あり、どちらとも言い難い場合は状況によると説明しています。どうにも仕方がなかったのか、それとも何らかの対策をとるべきであったのかどうかの判断基準としているわけです。どうにも仕方がなかった場合、たとえば、地震がひどく近所の塀も軒並み倒壊したような場合

撃退ワンポイントアドバイス

● 「災害によるものですから、当方に責任はありません」

は天災ないし不可抗力ということになり、あなたに責任はありません。

　なお、参考事例をあげておきます。台風で飛散落下した屋根瓦が隣家建物を損傷した場合の事案では、過去の例などから予想される程度の強風で屋根瓦が吹き飛んだような場合は、その屋根瓦の設置または保存に瑕疵があると判断されています。

注　＊1　民法717条1項（114頁参照）

　　＊2　福岡高裁昭和55年7月31日判決／判例時報992号71頁、判例タイムズ429号130頁

Q 愛犬が他の家の犬をかみ殺してしまった

XII-②

私の家の犬が、庭に入ってきた他家の犬をかみ殺してしまい、慰謝料請求をされています。家の犬はクサリにつないでおり、ケンカをしかけてきたのは他家の犬のほうでしたが……。

A 応じる必要はありません

　民法718条は、動物の占有者はその動物が人に加えた損害の賠償義務を負うことを定めていますが、動物の種類と性質にしたがって相当の注意を払っていれば、責任を負いません[*1]。したがって、あなたが飼い犬を十分管理していたと言える場合は、過失がなく賠償義務を負わないことになります。

　質問では、散歩に連れていた犬同士の喧嘩ではなく、他人の犬があなたの家に入ってきて喧嘩をしかけてきたようですから、あなたには基本的には、これを賠償する義務はないと言えます。

　それでは散歩中であればどうでしょうか。飼い主が飼い犬を制御すべき責任は広く、飼い犬に力負けするようではダメで、制御できない結果、他人の犬や他人にケガをさせれば治療費等損害の賠償に応じる義務があります。最高裁昭和37年2月1日判決は、犬の飼い主がその操作制御方法を十分会得していなかったにもかかわらず、公道上を2頭一緒に運動させ、飼い犬が被害者に跳びついた際その力に負けて制御できなかったときは、飼主に動物保管上の過失があると判断しています[*2]。

　なお、犬は法的には動物にすぎませんから、その犬が死んだことで飼い主が慰謝料を請求できるかという問題があります。

撃退ワンポイントアドバイス

● 「おたくの犬が私の家の庭に入ってきたのですから、私の方には責任がありません。迷惑をこうむったのはむしろ当方です」

　従前はペットは物と考え、物に対する慰謝料請求は発生しないとして、あまり認められていませんでした。

　しかし、東京地裁平成11年3月31日判決[*3]は、イボ切除手術の際の麻酔措置のミスから、10年間飼っていた血統書付きの犬を死なせた獣医師に、犬の購入代金30万円、慰謝料30万円、供養料1万円の支払いを認めました。また、東京高裁平成16年2月26日判決[*4]は、交通事故で飼い犬が死亡した事案で、慰謝料として5万円を認めていますし、大阪地裁平成18年3月22日判決[*5]は、同じく交通事故で二匹の犬が死傷した事案で、慰謝料として10万円を認めています。

　今後は、ペットが社会生活を送る上での重要性に着目し、物の損壊とペットの死亡を単なる物の損壊とは別の性質があるとして、ペットの死亡につき慰謝料が認められる可能性が高いと言えます。

注

*1　民法718条1項（動物の占有者等の責任）
　動物の占有者は、その動物が他人に加えた損害を賠償する責任を負う。ただし、動物の種類及び性質に従い相当の注意をもってその管理をしたときは、この限りでない。

*2　最高裁民事判例集16巻2号143頁

*3　平成11年4月1日読売新聞朝刊

*4　交通事故民事裁判例集第37巻1号1頁

*5　判例時報1938号97頁

XII-③

Q 家の木の根っこが隣の家のブロック塀を倒してしまった

家の庭にある大きなケヤキの根が張り出して、隣の家の敷地内にある境界に沿って設置されたブロック塀を倒してしまいました。損害賠償を請求されているのですが……。

A 言いがかりではありません。賠償に応じる必要があります

　民法717条2項は、竹木の栽植・支持の瑕疵により、他人に損害を加えたときは、占有者がこれを賠償しなければならないと定めていますので[*1]あなたは責任を免れません。

　なお、隣家の人は、この根は自ら切り取ることもできますが[*2]、それをしなかったとしても、損害賠償の請求は可能です。速やかに正当な賠償に応じ、再発防止の措置をとってください。

　根っこではなく、枝が他人の身体に損害を加えた事案において、東京高裁は、竹木の栽植または支持について瑕疵があるかどうかは、竹木のおかれた環境と相対的に判断されるべきとの解釈を示し、銀杏の大木の枝が折からの強風で切断落下し、路上にいた人を死亡させた場合につき、竹木の栽植または支持に

撃退ワンポイントアドバイス

● 「ご迷惑おかけしました。改修の見積書をいただけますか」

瑕疵があったとは言えないとして、不法行為責任を否定しています[*3]。強風が予想を超える程度であったということでしょう。

注 *1 民法717条（114頁参照）

*2 民法233条（竹木の枝の切除及び根の切取り）
隣地の竹木の枝が境界線を越えるときは、その竹木の所有者に、その枝を切除させることができる。
2 隣地の竹木の根が境界線を越えるときは、その根を切り取ることができる。

*3 東京高裁昭和56年9月30日判決／判例時報1020号45頁

XII-④

Q 境内の裏の森で木の枝が落ちてきて眼鏡が割れたから、弁償してほしい

神社の裏山の道もないような森に勝手に入っていった観光客が、森を歩いていて上から木が落ちてきて眼鏡が割れた。おたくの森での事故だから弁償してほしいと言ってきました。

A 弁償義務はありません

　竹木の栽植または支持に瑕疵あるときは責任があります[*1]。しかし、道もないような森で、木が落ちないように管理する義務があるとは到底言えません。そこで、道もないような森で木の枝が自然落下して、たまたまそこにあった他人の財産を損壊したとしても、管理（保存）上の義務違反により生じたものではないと言えます。XII-③(183頁)の裁判例も参考にしてください。

　したがって、お断りすれば足ります。なお、しつこく請求してくるようなら責任はない旨文書（文例は資料集228頁）で通知し、後は無視すれば十分です。

　訴訟等の法的措置をとってくるようなら、堂々と受けてたちましょう。

撃退ワンポイントアドバイス

● 「人に入ってもらう場所ではない所に勝手に入られたのですから、当方に責任ありません。お支払いはできません」

注　＊1　民法717条（114頁参照）

XII-⑤

Q 近所の子どもが門扉に登って壊した

近所の子どもが、家の門の上に乗って遊んでいて、門扉が崩れ、骨折してしまいました。子どもの親は錆びた門扉をそのままにしていた責任があると言って修理代をくれないどころか治療費を請求してきました。

門扉の修理代はもらえないのでしょうか。治療費を支払わなければならないのでしょうか。

A 門扉の修理代は請求できます。治療費は基本的に支払う必要はありません

　まず、門扉の修理代については、子どもが勝手に他人の家に入ってきて他人の物を壊したのですから、子どもの親が監督義務[*1]を怠っていなかったことを立証しない限り、子どもの親に対してその支払いを請求できます（子どもの年齢は10歳程度以下で責任能力はまだないものと仮定します[*2]）。

　次に、治療費も支払う義務はないでしょう。

　民法717条は、土地工作物の占有者・所有者の責任を定めており、土地の工作物の設置又は保存に瑕疵がある場合、その瑕疵によって生じた損害は占有者（所有者）が責任を負うことになっています[*3]。この規定による責任追及は、被害者はその工作物に瑕疵があることを主張立証すれば足り、相手方の具体的な過失行為を主張立証する必要がないことから被害者にとって有利な規定です。門扉も土地に接着して人工的につくられたものなので、この規定にいうところの工作物と言えますから、本件ではかかる規定に基づく責任があなたに生じているか否かが問題となります。

　質問の場合、子どもは本来無断で入ってはいけない他人の家

撃退ワンポイントアドバイス

● 「門は人が登るものではありません。迷惑を受けたのは当方です。早く修理代をお支払いください」

の敷地内に入り、他人所有の門に登っていてけがをしているのです。学校の校庭のように誰でも入って遊んでよいという場所ではないのです。ですから、門扉が古くなり崩れ落ちそうになっていても、所有者はそのようなことまで想定して門扉を管理する責任はありません。また、門扉に登ることは通常の使用方法でないことを理由に責任が否定される場合もあるでしょう（XII－⑥ 189頁回答参照）。

　これに対して、たとえば、子どもがしょっちゅう遊びに来て門に乗っていたことを知りながら門扉を放置していたとすれば別です。このような場合、あなたは他人が入ってくることを容認しているし、また事故の発生が予見できたものと解釈されるからです。このような場合、前述の工作物責任により治療費を支払う義務が生じるものと思われます。この場合には、気がつけば注意するとともに「入るな」という看板を立てて他人の立ち入りを許さない意思を明確に表示しておくべきでしょう。「危険登るな」という理由付きの方が損害発生の防止の観点からは望ましいでしょう。

　ただ、このようにあなたの責任が認められる場合であっても、子どもは入ってはいけないところに勝手に入ってけがをしたということで、子ども自身ないし親の過失があると言え、相当大幅な過失相殺が主張できるでしょう。そのため、あなたに責任が認められる場合でも治療費全額を支払う必要はありません。

　このように、あなたには基本的に責任がないと思われますの

で、門扉の修理費金何円を支払って欲しい旨を伝えた上で、治療費は支払わないことを明確に文書によって意思表示をしておく必要があります。そうすることによって、相手方の態度も明らかになり、解決に向かうものと考えられます。道義的責任を感じ、中途半端に治療費を支払ったりすると相手方の期待が高まり、解決が難しくなることも考えられますので、このような行為は自己の法的責任を見極めてから行動しましょう。

　公的な施設の例ですが、広島高裁平成5年7月20日判決は、作業員が防潮鉄扉の閉鎖作業中、この鉄扉が転倒し、その下敷きとなり死亡した事故につき、この鉄扉が設置後20年を経過してガードレールから外れやすくなり転倒の危険性が発生していたことについて、何らの原因究明・対策を講じなかった県知事の右鉄扉管理の瑕疵（ただし、国家賠償法2条1項、3条1項）を認めています。

注　＊1　民法714条1項（責任無能力者の監督義務者等の責任）
前2条の規定により責任無能力者がその責任を負わない場合において、その責任無能力者を監督する法定の義務を負う者は、その責任無能力者が第三者に加えた損害を賠償する責任を負う。ただし、監督義務者がその義務を怠らなかったとき、又はその義務を怠らなくても損害が生ずべきであったときは、この限りでない。

　＊2　民法712条（責任能力）
未成年者は、他人に損害を加えた場合において、自己の行為の責任を弁識するに足りる知能を備えていなかったときは、その行為について賠償の責任を負わない。

　＊3　民法717条（114頁参照）

　＊4　判例タイムズ858号186頁

Q 燈籠に登った子どもが、けがをした

境内の燈籠に登って遊んでいた子どもが、燈籠が倒れたためけがをしました。一緒にいた親が、そんな事故に払う保険があるはずだと賠償請求をしてきたのですが、どう対処すればよいのでしょうか。

A 基本的に治療費を支払う必要なし

　燈籠は、一般的には土地に単に置いてある動産です。XII-⑤186頁で説明した民法717条の土地の工作物とは土地にある程度定着性が必要です。しかし、近時の裁判所の考えは被害者救済の観点から工作物の範囲を拡げ、プロパンガス容器をも土地の工作物類似と見て同条を類推適用していることからすると、本質問の場合も同様に考えられます。

　しかも、神社の境内であれば、神社に関係のない人間が入ってきてもかまわないところと言えそうです（XII-⑤186頁回答参照）。では、あなたには燈籠の設置保存に瑕疵があったと言えるのでしょうか。一般に、工作物本来の目的・使用方法において安全性に欠けていなければ、設置保存に瑕疵はないと言えるでしょう。燈籠は本来登って遊ぶものではありません。燈籠は照明として使用するか装飾物として置くものですから、普通に置いていて倒れる危険がなければ、設置保存に瑕疵はないと言えるでしょう。燈籠に登るというような燈籠の通常の使用法から外れた行動の結果生じた事故の場合には責任はありません。

　最高裁は、6歳の幼児が道路端に設置してある防護柵に後ろ向きに腰をかけて遊ぶうちに転落した事故につき、営造物の通常の用法に則しない行動の結果事故が生じたものであるとし、

撃退ワンポイントアドバイス

- 「燈籠は人が登るものでなく、当方に責任はありません。保険はあっても当方に責任がなければ保険も出ません」

　その営造物として本来具有すべき安全性に欠けるところがなく、右行動が設置管理者において通常予測することのできないものであるときは、右事故が営造物の設置又は管理の瑕疵によるものであるということはできないとしています。[*2]

　ただ、神社が小学校に近く子どもたちの遊び場になっているなど燈籠が置いてある場所や従前の経緯から見て、子どもが上に乗って遊ぶことは予見できるという場合ならば、上記判例にしたがうと、「登って遊んではいけません」というような表示をするなどの安全対策をとらない限り設置保存に瑕疵があったものと評価されそうです。この場合には、治療費などの賠償責任を負うでしょう。ただし、この場合も親が子どもに燈籠に登るなと注意すれば避けられた事故ですから、親の過失が大きいものとして大幅な過失相殺が認められるでしょう。

　なお、質問に言う保険は施設賠償保険のことでしょう。施設賠償保険は、被保険者が保険者（保険会社）に保険料を支払い、損害賠償義務を負う場合に保険金が支払われるというものですから、賠償責任がなければ保険金も支払われません。ですから、保険があるからといっても、あなたに賠償責任がない場合まで保険金は支払われません。この意味で保険の有無とあなたの責任とは直接の関係はありません。

注　*1　長野地裁松本支部昭和40年11月11日判決／判例時報427号11頁

　　*2　第三小法廷昭和53年7月4日判決／判例時報904号52頁、判例タイムズ370号68頁

XII-⑦

Q 工事のペンキが飛んで、高価な服の弁償を請求された

工事中にペンキをスプレーしていたところ、近くの歩道を歩いていた女性の服にペンキが飛び、ビロードの服に付着してしまいました。クリーニング代を支払おうとしたのですが、同じ服を弁償してくれと、数十万円を求められました。

A 通常はクリーニング代で足りる

　ペンキによる汚れが、クリーニングすればとれる程度のものなら、損害賠償としてはクリーニング代を支払えば足ります。
　また、クリーニングしてもペンキがとれないという場合にはその洋服の時価を賠償することになります。
　ここで重要なのは、賠償額はあくまで現在の中古品としての時価相当額であって、新品の洋服代ではありません。*¹
　とすれば、洋服のようなものは一度袖を通すとその金額は相当程度減少すると言えるでしょうから、オートクチュールのような高級注文服でもない限り（オートクチュールを着て工事現場の直近を歩くようなことはあまりないとは思いますが…）、*²

撃退ワンポイントアドバイス
- クリーニングできない時でも中古品の価額ですむ
- 歩行者にも不注意があれば過失相殺

数十万もの金額になることはないと考えられます。

　また、スプレーしていたペンキが通行人にふりかかったケースですから、大半はペンキ職人の過失でしょうが、歩行者の方も不必要に危険なところに近づかなかったか検討してみる必要もあります。ことにそんな高価なものを身につけていたとすればそれなりの注意も必要だったと言えますから、そこに歩行者側にも不注意・落ち度があれば過失相殺として賠償額の減額が可能です。

注　＊1　最高裁昭和32年1月31日判決／判例タイムズ68号83頁
不法行為による物の滅失毀損に対する損害賠償の金額は、特段の事由のないかぎり、滅失毀損当時の交換価格により定むべきである。

＊2　東京地裁昭和56年8月28日判決／判例時報1038号312頁
360万円で購入したミンクのコートにつき、5年間経過したことにより6割の減価償却がなされたもの、と判断。

XII-⑧

Q 噂話は名誉毀損だと言われた

私的なところで、知人のことを話したところ、伝え聞いた本人から、名誉毀損だと言われています。

A 一度はお会いして、内容についての反論。説明はあまりしないで、不快感を与えたことにはお詫びしておくのがいいでしょう。

名誉毀損は、刑事上の犯罪となるとともに、民事上の損害賠償の対象となります。その要件は、

「公然と、事実を摘示し、人の名誉を毀損すること」です。[*1]

この「公然と」というのは裁判例では、不特定または多数の人に伝播する可能性のあることと、かなり広く解釈されることがありますから、私的なところでの噂話でも公然性が認められる場合があります。

また、事実の真否は、たとえそのことが真実であっても、公益的な必要がない限り、人の名誉を傷つける発言は違法となります。[*2]

したがって、たとえ真実であっても、人の名誉を傷つけることはみだりには言わないことです。

撃退ワンポイントアドバイス

- ●私的な噂話でも名誉毀損になる場合がある
- ●事実であっても、人の名誉を傷つけることは言わないこと

このように私的な所での噂話が伝わって問題化した場合には、あなたはその人の悪口を言ったつもりはなくても、あなたの発言は尾ひれをつけて伝わっていることが多いでしょう。
　しかし、そんなことは言っていない、趣旨が違うなどの反論は問題をエスカレートさせるだけなのであまりしないで、いずれにせよ不快感を与えたことについてはお詫びしますとするのがいいでしょう。相手の方が普通の良識のある方ならそれでいずれおさまっていきます。それでも慰謝料を払え、謝罪文を出せと言われるようなら、放置するか弁護士と相談して下さい。

注　＊1　刑法230条1項（119頁参照）

　＊2　刑法230条の2第1項（公共の利害に関する場合の特例）
　前条第1項の行為が公共の利害に関する事実に係り、かつ、その目的が専ら公益を図ることにあったと認める場合には、事実の真否を判断し、真実であることの証明があったときは、これを罰しない。

XII-⑨

Q バスの乗客が多大な傷害を申告する

バスの運転者がブレーキを踏んだとき、転んでけがをしたと因縁をつける乗客がいます。かすり傷程度なので、見舞金を払ったところ、後日さまざまな診断書を持参して、運転者を脅します。バス会社は市民をなめとるんか、新聞に投書するぞと脅すのですが……。

A 見舞金程度で足りるはず

　XII-⑩ 197頁で述べているように、不法行為に基づく損害賠償については、民法は、原則としてその不法行為から「通常生じる損害」に限って加害者に賠償義務を負わせています[*1]。とすれば、本件のように被害がかすり傷にすぎないのであれば、「通常生じる損害」もごくわずかなものとなりますので、見舞金程度のものを支払っているのであれば、それ以上の補償をする必要はないのではないかと思われます。

　ただし、提出された診断書は、おそらく事故との因果関係の乏しいものと思われますが、この点は専門家に見てもらって、意見を聞いておく必要があります。

　その上で、あなたとしては「これ以上はお支払いできません」または「金○○円はお支払いしますが、これ以上はお支払いできません」という内容のことを明確に口頭もしくは文書で相手方に伝え、様子を見ましょう。そして、それでもなお相手方が過大な請求をしてくるようなら、相手にしないか弁護士に依頼して処理するかのどちらかを選択しましょう。

　また、本件のように、相手方が請求に際し、あなたに脅しのようなことを言ってくるのであれば、そのような相手方の行為

撃退ワンポイントアドバイス

- これ以上支払えない旨を通知する
- 脅し文句が出たら、直ちに警察に連絡を

　は刑法の恐喝罪[*2]や脅迫罪[*3]にあたる可能性がありますので、その旨警告し、警告にしたがわないようであれば、直ちに警察に連絡し、あるいは弁護士に相談するとよいでしょう。もっとも、この場合、あなたとしても相手の発言内容等を正確に記録しておかねばなりません。それがなければ法的な手続きは困難です[*5]。

　いずれにせよ、支払えないものは支払えないと明確に伝え、当初から毅然とした態度で臨むのが得策です。相手方の言うにまかせてずるずると譲歩を重ねるのは決してよい結果を招かないでしょう。

注

*1　民法722条1項（121頁参照）、民法416条1項（133頁参照）

*2　刑法249条（恐喝）
人を恐喝して財物を交付させた者は、10年以下の懲役に処する。
2　前項の方法により、財産上不法の利益を得、又は他人にこれを得させた者も、同項と同様とする。

*3　刑法222条（脅迫）
生命、身体、自由、名誉又は財産に対し害を加える旨を告知して人を脅迫した者は、2年以下の懲役又は30万円以下の罰金に処する。
2　親族の生命、身体、自由、名誉又は財産に対し害を加える旨を告知して人を脅迫した者も、前項と同様とする。

*4　**最高裁昭和33年5月6日判決／最高裁刑事判例集12巻7号1336頁**
権利行使の意図に出たものであっても、その手段が権利行使の方法として社会通念上一般に認容すべきものと認められる程度を逸脱した恐喝手段を用いて第三者に財産上不法の利益を得させた場合には恐喝罪が成立する。

*5　**東京地裁昭和42年9月5日判決／判例タイムズ213号203頁**
被告人がいわゆる恐喝行為としてＡをして畏怖をさせるに足る脅迫行為をしたことについてはこれを確認するに足る証拠はなく、結局、…（中略）…権利行使行為として社会通念上受忍される範囲を出てなかったものと認めるのが相当である。

XII-⑩

Q 事故処理で会社を休み、皆勤手当がパーになったので賠償しろと言う

物損事故を起こし、相手の車両の修理代は払ったのですが、相手の人が事故車の引き取りにいったとき、
「会社を休んだので皆勤手当がなくなった。お前が支払え」と言われて困っています。

A 「皆勤手当」を失ったのは通常生じる損害とは言えず、支払義務はありません

　交通事故などの不法行為に基づく損害賠償は、原則としてその不法行為（本件では物損事故）から「通常生じる損害」についてのみ賠償すればよいということになっています[*1]。

　本件のような物損事故の場合、車両の修理代については「通常生じる損害」と言えるでしょう。では、事故車の引き取りのために会社を休み、それが原因となって皆勤手当が支給されなくなった場合、その皆勤手当の部分が「通常生じる損害」と言えるのでしょうか。

　事故車の引き取りの程度のことは、必ず本人が会社を休んでまでしなければならないものではなく、まして、それに伴う皆勤手当の不支給が事故から通常生ずる損害とは、とうてい言え

撃退ワンポイントアドバイス

●車の引取りのためにわざわざ会社を休む必要はなし

ません。

　そこで、結局皆勤手当部分については賠償する必要はないということになります。なお、東京地裁昭和54年12月17日判決[*2]は、交通事故で被害者が休業した場合の逸失利益の計算に関しても、「皆勤手当分を含めないもの」としています。

　ただ、被害者がどうしても勤務日に事故車を引き取りに行かなければならなかったという場合には、有給休暇1日分程度の損害（平均賃金の1日分）が認められる場合があるかも知れません。

注　*1　民法416条1項（133頁参照）

　　*2　交通事故民事裁判例集第12巻6号1628頁

XII-⑪

Q 病院から交通事故では健康保険は使えないとか、健康保険組合から治療費を全額求償すると言われている

人身事故を起こし、被害者は入院しています。健康保険での診療を頼んだところ、病院がよい顔をしません。ついで、健康保険組合のほうからも全額求償させてもらうからといって念書を求められています。

A 交通事故でも健康保険は使える

　一般サラリーマン、日雇労働者またはこれらの者の被扶養者が業務外の事由により負傷した場合には、健康保険法に基づき、療養給付を受けることができます[*1, *2]。このことは、交通事故による負傷であっても、それが業務外の事由による負傷にあたる場合には、やはり被害者は健康保険を利用することができます。ただし、業務上または通勤途上の事故により負傷した場合には健康保険を利用することはできず、代わりに労災保険を利用することとなります[*3]。

　ところが、それにもかかわらず病院によっては、交通事故の被害者が治療を受ける際、健康保険での診察にあまりよい顔をせず、中には「交通事故の場合には健康保険が使えない」などと言ってくるところがあるようです。

　これは健康保険の場合1点単価10円と扱われるのに対し、交通事故扱いの場合（自由診療と言ったりします）は、1点単価10円〜30円程度の範囲で自由に決めることができ、通常は15円〜20円程度となっていて、同じ治療をしても収入が変わるためだと思われます。

> **撃退ワンポイントアドバイス**
> - 交通事故でも健康保険は使用可能
> - 「賠償責任の責任の範囲内でお支払いさせていただきます」

　そういうわけですから、被害者が病院側から「健康保険は使えない」と言われているとの理由で健康保険の利用を断念しているような場合には、交通事故による負傷の場合であっても健康保険の利用は可能であるということを説明し、なるべく健康保険を使って治療を受けるよう依頼しましょう。

　そして、被害者が保険証を提出したにもかかわらず、病院側が健康保険による治療を拒もうとした場合には、その病院側は不法行為に基づく損害賠償義務を負うことになりますので[*4]、その旨病院に警告して健康保険診療に応じるよう説得してみるのもよいでしょう。

　もっとも、健康保険を使うかどうかを決めるのはあなたではなく患者＝被害者自身ですから、あなたとしては被害者に健康保険を使うこと（具体的には病院に対し健康保険の使用を希望して保険証を提出すること）を頼んでみることが大切です。それでも被害者自身に健康保険を使用する意思がないというのであれば、健康保険による診察はあきらめざるを得ません。

　さて、治療が健康保険で行われたとして、これに要した治療費を健康保険組合が支払った場合には、健康保険組合は事故の加害者に対し、被害者に代位してその治療費分を請求することができます[*5]。したがって、本件でも健康保険組合が求償してきた場合には、あなたはこれに応じなければなりません。ただし、その範囲は被害者の有していた権利の範囲に限られますから、事故につき被害者にも過失がある場合には要した治療費全額を

負担する必要はなく、過失割合に応じた応分の負担でよいことになります。*6 また、同じく過剰診療や私病、既往障害などの治療があった場合にも、その部分については事故とは相当因果関係がないものとして、やはりあなたが負担しなくてもかまいません。*7

本件で健康保険組合から求められている念書を作成する際にも、いかなる場合にも要した治療費全額の求償に応じるかのような念書を作成するのは妥当ではなく、あくまで自己の責任の範囲内の金額で求償に応じる旨を明確にしておくことが好ましいと言えます。具体的には、「法律上適正な範囲で求償に応じる」とか「法律上損害賠償義務のある範囲内で求償に応じる」等の文言を付け加えておけばよいでしょう。

注　*1　健康保険法1条（目的）
この法律は、労働者又はその被扶養者の業務災害（中略）以外の疾病、負傷若しくは死亡又は出産に関して保険給付を行い、もって国民の生活の安定と福祉の向上に寄与することを目的とする。

*2　健康保険法63条1項（療養の給付）
被保険者の疾病又は負傷に関しては、次に掲げる療養の給付を行う。
一　診察
二　薬剤又は治療材料の支給
三　処置、手術その他の治療
四　居宅における療養上の管理及びその療養に伴う世話その他の看護
五　病院又は診療所への入院及びその療養に伴う世話その他の看護

*3　健康保険法55条1項（他の法令による保険給付との調整）
被保険者に係る療養の給付又は入院時食事療養費、入院時生活療養費、保険外併用療養費、療養費、訪問看護療養費、移送費、傷病手当金、埋葬料、家族療養費、家族訪問看護療養費、家族移送費若しくは家族埋葬料の支給は、同一の疾病、負傷又は死亡について、労働者災害補償保険法、国家公務員災害補償法（昭和26年法律第191号。他の法律において準用し、又は例による場合を含む。）又は地方公務員災害補償法（昭和42年法律第121号）若しくは同法に基づく条例の規定によりこれらに相当する給付を受けることができる場合には、行わない。

*4　大阪地裁昭和60年6月28日判決／判例タイムズ565号170頁
交通事故により負傷、疾病した被保険者に対し、療養保険給付が行われなければならないことは当然であって、これを排斥すべき理由はない。

* 5 　健康保険法 57 条 1 項（損害賠償請求権）
保険者は、給付事由が第三者の行為によって生じた場合において、保険給付を行ったときは、その給付の価額（当該保険給付が療養の給付であるときは、当該療養の給付に要する費用の額から当該療養の給付に関し被保険者が負担しなければならない一部負担金に相当する額を控除した額。次条第 1 項において同じ。）の限度において、保険給付を受ける権利を有する者（当該給付事由が被保険者の被扶養者について生じた場合には、当該被扶養者を含む。次項において同じ。）が第三者に対して有する損害賠償の請求権を取得する。

* 6 　民法 722 条 2 項（127 頁参照）

* 7 　民法 416 条 1 項（133 頁参照）

XIII 男女関係のトラブル

XIII-①

Q 婚約不履行だと慰謝料を請求されている

大学中につきあっていた彼女がいましたが、その後就職して上司の紹介で別の女性と結婚することにしました。大学時代の彼女とは結婚話をしたことはありますが、正式な結納などしていませんので婚約とは言えないと思います。別れ話がこじれ、婚約破棄だから慰謝料を払えと言われています。

A 婚約が成立していれば慰謝料は必要

　婚約とは、将来夫婦になろうという契約であり、特に結納の授受やエンゲージリングの交換等の儀式などが行われなくても、2人の間で将来夫婦になろうとする合意があれば成立します。

　しかし、だからといって、「結婚しよう」と口で言って肉体関係を結んでも、それだけで必ず法的な婚約が成立するというものではありません。婚約が成立したというためには、男女が誠心誠意をもって将来夫婦となることを約束することが必要です。一時の情熱に浮かれた口約束や、「寝物語」の中での口約束では婚約が成立したことにはならないのです。*1

　したがって、あなたが彼女とした結婚話も、恋愛関係にある男女の睦言の類のものであるのなら、いまだ法的には婚約は成立していませんので、婚約不履行に基づく慰謝料等を支払う必要はありません。もっとも、最初から結婚するつもりもないのに「結婚する」と告げて相手の女性と肉体関係を続けたという事案について、裁判所が、その男性に対し、「誠心誠意の結婚約束ではないので婚約は成立しないが、相手女性の貞操権を侵

撃退ワンポイントアドバイス

- 婚約成立にはそれなりの実態が必要
- しかし、婚約成立していなくても、賠償責任があることもある

害したので不法行為[*2]に基づく損害賠償義務を負う」と判断した事例もあります。[*3]婚約するかしないかに関わりなく、恋人とは誠実に交際しておくべきものです。

　あなたが彼女とした結婚話が単なる寝物語ではなく、互いに誠意をもって結婚することを約束したものである場合には婚約が成立している可能性がありますが、結納などの儀式等がまったく行われていない場合には、これが行われている場合に比べて、婚約の成否はより慎重に判断されます。たとえば、相互に相手を一度も両親に紹介していないとか、交際期間が短い、会った回数が少ないなどの事情がある場合には、いまだ婚約が成立していないとされる余地も大きいものと思われます。前述の昭和35年10月4日東京地裁判決も、婚約が成立しているというためには婚姻予約者として拘束される地位が社会的に公認される程度に至って初めて婚姻約束が法的に保護されると判断しています。

　ただ、このあたりになるといろいろな事情を総合的に判断して婚約の成否を考えていきますので、一度弁護士に相談されることをおすすめします。

　仮に、婚約が成立しているとなると、正当な理由がないのに結婚することを拒絶した場合には慰謝料を含む損害賠償責任を負わねばなりません。逆の言い方をすれば、「正当な理由」[*4]があれば婚約破棄は許されるということにもなります。そして、こ

こでいう「正当な理由」とはいかなる理由をいうのかについては明確な基準があるわけではありませんが、裁判例の中には、正当な理由の存在が認められた事例として、相手方の性的不能や性的結合における障害の存在を挙げるものがあり、他方正当な理由の存在が認められない事例として相手方との信仰の相違や性格の不一致を挙げるものがあります。

本件では、上司の紹介で別の女性と結婚することにしたというのが前の恋人との婚約破棄の理由ですが、これだけでは婚約を破棄する「正当な理由」とは認められないでしょう。婚約が成立していたとすれば、あなたは相手女性に対して慰謝料等の損害賠償を行う義務があります。

問題はその金額ですが、認められるとすれば、おおむね数十万円から数百万円といったところでしょうが、両者の年齢や交際期間、交際の状況等さまざまな要素が考慮されるため一概にいくらだという明確な基準はありません。ただ、慰謝料請求、ことに男女のもつれに基づく慰謝料請求に際しては相手方から法外な要求がなされることもままありますので、具体的な金額等については、弁護士に相談されることをおすすめします。

注

*1　東京地裁昭和35年10月4日判決／判例タイムズ115号62頁
たしかに婚姻予約の成立には形式は必要ではない。さりとて結婚しようと口で言って肉体関係を結んだからと言ってそれで婚姻予約が成立したというものではない。婚姻予約とは互いに真意をもってこれを為し、その決意をまた極めて慎重を期したものであることを要し、男女が誠心誠意をもって将来夫婦となることを予期して契約し、まったくこのような契約をしていない自由な男女とは一種の身分上の差異を生ずるに至る程度の合意でなければならない。必ずしも予約成立後同居しなければならぬというものではないが、当事者間に夫婦としての共同体を将来形作ろうとの合意が成立することが必要である。一時の情熱に浮かれた行為、恋愛関係にある男女の睦言、閨房の単なる睦言ではいけない。婚姻予約が成立したとなると、性的享楽を旨としたかりそめの結合たる私通関係とは誰が見ても区別してこれを怪しまない程度の事実が現れてこなければならないはずである。婚姻予約者として拘束される地位が社会的に公認される程度に至って初めて婚姻予約者たる地位は法によって保護されるのである。

*2　民法709条（74頁参照）

*3　東京地裁昭和40年4月28日判決／判例時報417号50頁

＊4　最高裁昭和 37 年 12 月 25 日判決／判例タイムズ 148 号 88 頁
婚姻の予約は、将来において適法な婚姻をなすべきことを目的とする契約であって、適法にして有効なものであること及び法律上これにより当事者をして婚姻を成立させることを強制しないが、当事者の一方が、正当の理由なく、約に違反して婚姻をすることを拒絶した場合には、相手方に対し婚姻予約不履行による損害賠償の責に任ずべく、その損害賠償は精神的損害の賠償すなわち慰籍料の支払いを含むものである…。

＊5　東京地裁昭和 43 年 3 月 30 日判決／判例タイムズ 224 号 249 頁
　　高松高裁昭和 46 年 9 月 22 日判決／判例タイムズ 270 号 257 頁

＊6　最高裁昭和 40 年 3 月 18 日判決／最高裁判所裁判集民事 78 号 357 頁
　　最高裁昭和 40 年 4 月 6 日判決／最高裁判所裁判集民事 78 号 547 頁
　　東京地裁昭和 32 年 5 月 6 日判決／判例時報 117 号 12 頁

Q 死んだ夫の愛人が遺言があると言って全財産を求めてきたが

先日、夫が亡くなりましたが、葬式に愛人と名乗る女性が現れ、夫から全財産を譲るという遺言書をもらっていると言っています。

A 遺言書の有効性をチェックする

相手方は遺言書をもらっていると言っているのですから、まずその遺言書の提示を求めてください。相手女性がこれを提示しないのであれば、まったく相手にする必要はありません。

次に、相手女性が一応遺言書のコピーらしきものを提示してきた場合には、その遺言書が有効なのか無効なのかを判断する必要があります。特に自筆で書かれた遺言では、第三者によって偽造されたり書き換えられたりしたものであれば無効であることは言うまでもありませんが、そうでなくても、民法では遺言の方式を厳格に定めており、そのルールを守らない遺言はたとえ遺言者本人が作成したものであっても無効とされるのです。[*1]
そこで、よく用いられる自筆証書遺言の方式について説明します。[*2]

自筆証書遺言とは、その名の通り遺言者が自筆で遺言全文を書く遺言ですが、これが有効となるためには、①遺言の全文を自分で書くこと、②日付（年月日）を自分で書くこと、③自分で署名し押印すること、という方式を守っていなければなりません。用紙や筆記用具に特に制限はなく、また縦書・横書のいずれでも構いませんが、遺言の全文を「自分で書く」ことが必要ですから、たとえばタイプやワープロを使用したもの、他人

撃退ワンポイントアドバイス

- 有効な遺言書かどうか、まずチェック
- 遺言書が有効でも、遺留分の主張ができる

が代筆したもの、ICレコーダーに録音したもの等はすべて無効となります。押印は遺言者の印鑑（認印でも可ですがなるべく実印によることが望ましい）によってなされていることが必要です。年月日の記載も必要であり、たとえば「何月吉日」というものは無効とされます。また、これら①〜③の要件が守られていても、1通の遺言書に複数の遺言者が遺言している場合にはやはり遺言書は無効です。

また、自筆証書遺言は、裁判所に提出して、検認という手続きをとらねばなりません。

次に、相手女性の提出してきた遺言書が上のすべての方式を守っていたとしても、あなたも亡夫から別の遺言書の交付を受けており、かつその日付が相手女性の遺言書の日付よりも新しいものである場合には、相手女性の遺言書中、あなたの持つ遺言書と内容の異なっている部分は無効となります。

以上の各点をチェックし、もし相手女性の提出してきた遺言書が無効であれば、相手女性の要求には耳を貸す必要はありません。

次に、相手女性の所持している遺言書が有効である場合であっても、遺言書通りすべての相続財産がその女性のものとなるわけではなく、あなたやあなたの子どもは遺留分の請求をすることができます。遺留分はあなたとあなたの子どもを合わせて相続財産の2分の1となります。

さらに、愛人であるという以上は亡夫と不倫・不貞行為をし

てきたということですから、あなたは相手女性に対し慰謝料を請求できますので、このことも考慮しておくべきでしょう。

しかし、いずれにせよ有効な遺言書が提出されたというのであれば事は一大事ですから、是非とも専門家である弁護士に相談なされることをおすすめします。

注 ＊1　民法967条（普通の方式による遺言の種類）
遺言は、自筆証書、公正証書又は秘密証書によってしなければならない。ただし、特別の方式によることを許す場合は、この限りでない。

＊2　民法968条1項（自筆証書遺言）
自筆証書によって遺言をするには、遺言者が、その全文、日付及び氏名を自書し、これに印を押さなければならない。

＊3　民法975条（共同遺言の禁止）
遺言は、二人以上の者が同一の証書ですることができない。

＊4　民法1023条1項（前の遺言と後の遺言との抵触等）
前の遺言が後の遺言と抵触するときは、その抵触する部分については、後の遺言で前の遺言を撤回したものとみなす。

＊5　民法709条（74頁参照）

XIII-③

Q 別れた恋人が嫌がらせをする（ストーカー）

ある男性との交際を解消したら、そのあと逆恨みをされて無言電話をかけたり、電子メールを送ったり、執拗に追い回してきます。警察に相談すると言ったら、自殺してやると脅します。

A ストーカー行為は犯罪です

　元交際相手の行為は、ストーカー行為に該当し、6ヶ月以下の懲役又は50万円以下の罰金の対象となりますので、速やかに警察署へ行き、被害の内容を届け出てください。警察に相談したら自殺してやるという相手の言い分は、単なる脅し文句に過ぎないと思われますので、それに屈しないでください。

　すぐに逮捕してほしい場合には、告訴手続をとることもできますし、警察本部長等から相手に対しストーカー行為をしないよう警告してもらうこともできます。また、あなたから援助の申し出を行えば、警察から対応策のアドバイス等の援助を受けることも可能です。

　平成12年に施行されたストーカー規制法は、つきまとい等して、相手方に無言電話をかけたり、拒んでいる人に、連続して電話をかけたり、FAXや電子メールを送信したりして、相手方に身体の安全、住居等の平穏若しくは名誉が害され、又は行動の自由が著しく害される不安を覚えさせてはならないと定めています。[1]

　また、警察本部長等は、更に反復してストーカー行為をしないよう仮の命令をすることができ、公安委員会は、一定の要件下で禁止命令を出すことも可能です。この禁止命令に違反してストーカー行為を行った場合には、1年以下の懲役又は100万円

撃退ワンポイントアドバイス

- 相手の行為は犯罪。すぐに警察署に相談する。
- 身辺への接近禁止を裁判所に求めることも可能

以下の罰金と更に重い刑罰が科せられる可能性があります。

あくまで自分と付き合うように迫り、付き合わないのなら、あなたまたはあなたの親族の生命・身体・財産などに危害を加えると脅してくるような場合には、強要罪に該当しますし、また、無言電話をかけたり執拗に追い回されたりすることによってあなたの精神状態が病的な状態まで追い込まれたとすれば、その男性には傷害罪が成立する可能性もあります。

警察に相談するにせよ、弁護士に相談して警察に援助を求めるにせよ、あなた自身が相手の男性と交渉したり話し合いの場をもったりすることは避けるべきです。

注

*1 「ストーカー行為等の規制等に関する法律(ストーカー規制法)」として成立し、平成12年11月24日から施行された法律です。この法律はストーカー行為等を処罰するなど必要な規制と、被害者に対する援助等を定めており、あなたをストーカー行為の被害から守るためのものです

*2 刑法223条(127頁参照)

*3 刑法204条(傷害)
人の身体を傷害した者は、15年以下の懲役又は50万円以下の罰金に処する。

*4 東京地裁昭和54年8月10日判決/判例時報943号122頁
勤務先の社長や上司らに叱られたことを逆恨みした社員が約半年間ほぼ連日にわたり深夜から早朝にかけて社長宅に無言電話をかけ続けた結果、社長夫人が神経衰弱症に陥ったという事例において、傷害罪の成立が認められました。

XIII-④

Q 妻子ある男性との不倫で慰謝料を求められた

妻子のある男性と付き合っていたところ、男性が家庭を顧みなくなったために、子どもが情緒不安定になって学校を休んだりするようになったのは私のせいだと、男性の妻子から慰謝料を請求されました。

A 婦権侵害の責任はありますが、その内容はケースバイケースです

　妻子ある男性と付き合い、肉体関係を持った場合には、その男性が妻に対して負っている貞操を守るべき義務（これを貞操義務、あるいは妻側からは婦権、と言います）の違反に加担したことになりますので、不法行為としてその男性の妻に対し慰謝料を支払わねばならないのが原則です[*1]。

　ただし、あくまでこれは原則であって、一度妻子ある男性と肉体関係を持てば必ず慰謝料が発生するというものではありません。肉体関係を持つに至った経緯、その後の状況、不倫関係者の動向などを考慮して、具体的に検討されることになります。

　具体的には、まず、あなたが交際相手の男性に妻子があることをまったく知らず、また疑うべき事情もまったくなかった場合には、不法行為の要件である「故意・過失」がないことになりますので、あなたは慰謝料支払義務を負いません。

　さらに、同じくあなたが相手の男性に妻子があると知りながら肉体関係を持った場合であっても、その夫婦が事実上離婚状態にあるような場合（離婚の合意ができている場合等）はもちろん、事実上の離婚とまでは言えなくても、その夫婦仲が一方または双方の暴力や浮気その他の理由ですでに破綻している場

撃退ワンポイントアドバイス

- 夫婦関係が完全に破綻した後の関係なら婦権侵害にはならない
- 子どもの不登校には責任なし

合には、原則として不倫相手に慰謝料を支払う義務が否定されるか、破綻の程度に応じて慰謝料額が減額される傾向にあります。[*2]

問題はその金額ですが、これについては肉体関係を持つに至った経緯、その後の状況、不倫関係者の動向、当該夫婦の婚姻期間、夫婦関係破綻に至るその他の原因の有無等さまざまな要素が考慮されるため一概にいくらという基準はありません。ただ、婚約不履行（XIII-① 203頁参照）のところでも述べましたが、慰謝料請求、ことに男女のもつれに基づく慰謝料請求に際しては相手方から法外な要求がなされることもままあります。具体的な金額等については、最近の裁判例では300万円程度の額が多いようですが、個別には弁護士に相談なされるのがよいでしょう。

次に、本件では相手女性は夫が家庭を顧みなくなったために、子どもが情緒不安定になって学校を休んだりするようになったという理由で慰謝料を請求していますが、これはその子に生じた精神的損害に対する慰謝料をその子の法定代理人として請求しているのだと思われます。

しかしながら、ある女性が妻子ある男性と肉体関係を持ったことからその男性が家庭を顧みなくなった結果、子どもが父親から愛情を注がれなくなり監護や教育を受けることができなくなったとしても、原則として不倫相手の女性はその子どもに対する慰謝料支払義務を負わないものとされています。ただし、不倫女性が父親である男性に積極的に働きかけて子どもに対す

る監護や教育を阻止したという場合には、例外的に子どもに対し慰謝料を支払わねばなりません。

　以上より、本件でもあなたがこのような積極的な働きかけをしたわけではないのに、男性が自ら自然に子どもへの愛情を注がなくなったというのであれば、あなたが子どもの精神的損害分について慰謝料を支払う必要はありません。せいぜい、奥さんの慰謝料額の算定にあたって考慮される程度でしょう。

注　＊1　民法709条（74頁参照）

＊2　最高裁平成8年3月26日判決／最高裁民事判例集50巻4号993頁
甲の配偶者乙と第三者丙が肉体関係を持った場合において、甲と乙との婚姻関係が当時すでに破綻していたときは、特段の事情のない限り、丙は、甲に対して不法行為責任を負わない。

＊3　最高裁昭和54年3月30日判決／判例時報922号3頁
妻及び未成年の子のある男性と肉体関係を持った女性が、妻子のもとを去った右男性と同棲するに至った結果、その子が日常生活において父親から愛情を注がれ、その監護、教育を受けることができなくなったとしても、その女性が害意をもって父親の子に対する監護等を積極的に阻止するなど特段の事情のない限り、右女性の行為は、未成年の子が被った不利益との間に因果関係がないから、未成年の子に対して不法行為を構成するものではない。

XIII-⑤

Q 会社の社長の奥さんから言いがかりをつけられている

社長の奥さんが疑心暗鬼で、私と社長の間を疑って、いろいろな嫌がらせをして、会社をやめさせようとします。身に覚えのないことなので、何とかしたいのですが……。

A 泣き寝入りしないこと、法務局の相談や法的手続きも可能

　まず、社長夫人の言動は、社会の一般常識に照らし度を過ぎたものであれば、嫌がらせを受けた被害者の名誉等の人格権を侵害したものとして、あなたに対して、不法行為に基づく損害賠償義務を負います[*1]。

　その嫌がらせが賠償義務を発生させる程度のものかどうかは、嫌がらせ行為の具体的態様（時間、場所、内容、程度など）、当事者相互の関係、とられた対応等を総合的に検討して判断するものとされています[*2]。

　あなたとしては、嫌がらせを受ける度にその日時、場所、内容などをはっきり記録しておく必要があります。そして、その嫌がらせがもう我慢できないと思う時には、その記録を持って、専門家（弁護士）に相談し、内容証明郵便などでその嫌がらせが人格権の侵害にあたる旨警告して嫌がらせ行為の停止を求めるとよいでしょう。

　それでもなお嫌がらせが継続する場合には、社長夫人に対し、裁判所に嫌がらせの停止を求める仮処分を申し立てたり、あるいはこれまでの嫌がらせに対する損害賠償請求と将来の嫌がらせの差止請求を求めて訴訟提起するという方法もあります[*3]。

　次に、社長夫人の言動によって、あなたは仕事しづらい環境

撃退ワンポイントアドバイス

- ●嫌がらせを受けた日時、場所、内容を明確に記録する
- ●職場環境の悪化を理由に、会社側に嫌がらせの防止を求める

になっているのではないかと思われます。

　一般に、会社は、労働契約上、職場環境が著しく悪化して社員の人格権が侵害されるような事態が発生することを未然に防止し、またそのような事態を知った場合には、迅速かつ適切に対処し、職場環境を働きやすく調整する義務（労働環境配慮義務）を負うものとされていますので、あなたは、この労働環境配慮義務に基づいて会社に嫌がらせの防止を請求することができます。

　更に、会社が社長夫人からの嫌がらせを知っていたのに放置していた、当初知らなかったがあなたからの申し入れを受けても調査しない、社長夫人に嫌がらせをやめさせるよう指導もしないといった場合には、仮に社長夫人が会社の役員や従業員でない場合であっても、あなたは、会社に対しても損害賠償請求を行うことも可能であり、社長夫人と会社は共同不法行為者として連帯して損害賠償すべき義務があります。社長夫人が会社の役員又は従業員である場合には、会社は、たとえ事情を知らなかった場合も、原則として、使用者としての損害賠償義務があります。

　なお、裁判例の中には、
① 嫌がらせの一環として上司から担当職務を変更され、会社にとって無意味な作業に従事させられたという事例につい

て、当該上司及び会社に対し損害賠償命令を言い渡したもの[*7]
② 上司が配転を拒否した社員に対し、嫌がらせとして、「会社のノートを使うな」などと嫌みを言ったり、電話を取り外したりして仕事をさせなかったという事例について、その上司に対し損害賠償命令を言い渡したもの[*8]

などがあります。

最後に、上司から明確に自主退職を要求されたり、懲戒解雇するなどと言われたりした場合について、一言述べておきます。一般に会社が従業員を解雇する場合、その解雇に客観的に合理的な理由がなく、社会通念上不相当であると認められる場合には、会社の解雇権の濫用として解雇は無効であるとされています[*9]。

あなたは、実際には社長と不倫関係にあるわけではなく、濡れ衣を着せられているに過ぎないのですから、会社にはあなたを解雇する合理的理由がなく法律上解雇はできませんし、自主退職をする必要もありません。

しかし、実際問題として、嫌がらせが行われるような会社にいつまでも腰を据えてもメリットがないという場合もあるでしょう。そのような場合には、さっさと職場環境のよい他の会社に移って、後は会社に対して損害賠償請求をするという形で問題を解決することが得策なのかも知れません。

また、こうした嫌がらせは人権侵害となることも考えられますので、各地の法務局で行われている人権相談に行かれるのもよいでしょう。具体的な内容メモを持参されれば、有益なアドバイス、援助が得られます。

注

＊1　民法710条（財産以外の損害の賠償）
他人の身体、自由若しくは名誉を侵害した場合又は他人の財産権を侵害した場合のいずれであるかを問わず、前条の規定により損害賠償の責任を負う者は、財産以外の損害に対しても、その賠償をしなければならない。

＊2　大阪地裁平成8年4月26日判決／判例時報1589号92頁
違法性の有無を決するためには、行為の具体的態様（時間、場所、内容、程度な

ど)、当事者相互の関係、とられた対応等を総合的に吟味する必要がある。行為の態様は一見悪質でも悪ふざけの類として許される事案もあれば、行為の態様は軽微でも、被害者が置かれた状況等によっては、その人格を侵害し、重大な損害をもたらすものとして、厳しく指弾されなければならない事案もある。

＊3　東京地裁平成8年1月16日判決／判例タイムズ944号222頁
執拗な街頭宣伝活動による嫌がらせに対し被害者の会社及び自宅付近から半径500メートルの範囲内での街頭宣伝の差止めを命じた。

＊4　神戸地裁判決平成9年7月29日判決／判例時報1637号85頁
一般に、使用者は、労働契約上、職場において、被用者の人格権が侵害され、当該被用者にとって、職場環境が著しく悪化する事態が発生することを未然に防止し、また、右事態を知ったときは、迅速かつ適切に対処し、職場環境を働きやすく調整する義務を負う。

＊5　民法719条1項（共同不法行為者の責任）
数人が共同の不法行為によって他人に損害を加えたときは、各自が連帯してその損害を賠償する責任を負う。（以下略）

＊6　民法715条（使用者等の責任）
ある事業のために他人を使用する者は、被用者がその事業の執行について第三者に加えた損害を賠償する責任を負う。ただし、使用者が被用者の選任及びその事業の監督について相当の注意をしたとき、又は相当の注意をしても損害が生ずべきであったときは、この限りでない。
2　使用者に代わって事業を監督する者も、前項の責任を負う。
3　（略）

＊7　千葉地裁平成6年1月26日判決／判例タイムズ839号260頁

＊8　神戸地裁平6年11月4日判決／判例タイムズ886号224頁

＊9　最高裁昭和50年4月25日判決／最高裁民事判例集29巻4号456頁
使用者の解雇権の行使も、それが客観的に合理的な理由を欠き社会通念上相当として是認することができない場合には、権利の濫用として無効になる。

XIII-⑥

Q 美人局(つつもたせ)にあってホストクラブで働かされている

大学の友人がキャンパスで知り合った女子学生と交際したところ、後見人と称する恐ろしい男が現われて「傷物にした補償を払え」と脅され、今はホストクラブで働かされて毎月数十万円のお金を払わされてます。何とかしたいのですが。

A 普通の交際に賠償義務はない

　友人がその女子学生の同意を得て、普通に交際していたのであれば（女子学生を脅すなどして無理矢理交際させるようなことをしていないのであれば）、友人にはその女子学生に対し何の損害賠償義務もありません。当然のことながら、「傷物にした」とわめく自称後見人に対しても、何の賠償義務も負っていませんし、ホストクラブで働く義務もありません。

　にもかかわらず、その自称後見人から脅されて、毎月数十万円のお金を払わされているというのであれば、これは刑法にいう恐喝罪[*1]に当たりますので、直ちにその友人に、警察に対し被害届や告訴を行うようアドバイスをしてあげてください。

　また、すでに支払ってしまったお金については、その合計額に年5％の損害金を加えた額を返還請求することができ、さらに他に損害を被っている場合には、相当因果関係の範囲内での損害分についても賠償請求することができます[*2]。そして、その女子学生が自称後見人の男と結託しているような場合には、その男だけでなく、女子学生に対しても、損害賠償を請求することができます[*3]。

　もっとも、相手はかなり悪質ですから、専門家である弁護士

撃退ワンポイントアドバイス

- 恐喝の被害届を出して、告訴を行う必要がある
- すでに支払ったお金も返還請求できる
- 恥ずかしいから内々に解決しようとすると泥沼にはまる

を通じて各種の手続きをとられることをおすすめします。

　あなたの友人は自分の落ち度を公にしたくないとの考えから、なるべく警察や弁護士等の力を借りず、独力で相手と交渉して解決しようとするかも知れませんが、そのようなことをすればますます被害が拡大するだけで、いずれ取り返しのつかない状態に陥る可能性もあります。自分の落ち度にかかわらず、法律に則った適正な手続で問題を処理しようとする姿勢が、結局はその友人自身のためになるということを説得してあげてください。

注
- ＊1　刑法249条（196頁参照）
- ＊2　民法709条（74頁参照）
- ＊3　民法719条（218頁参照）

付録

言いがかり対処用資料集

文例 1 製品クレームへの回答例（Ⅷ-①、110頁）

　　　　　　　　　　　　　　　　　　　　　年　　月　　日

　Ａ　　殿

　　　　　　　　　　　　　　　○○食品株式会社
　　　　　　　　　　　　　　　総務部長○○○○

　　　　　　　御　　回　　答

　日頃は当社製品を御愛用いただき厚く御礼申し上げます。
　ところで、当社製品に関してお申出の件につき、慎重に調査、検討させていただきました結果、次の通り御回答いたしますので、何卒よろしく御了解賜りますようお願いいたします。

1、御一家の下痢の原因について
　　当製品の製造過程、同時に製造された製品とも何ら問題はなく、御一家の下痢は当社製品によるものではないと判断します。

2、奥様の病状について
　　お申出の内容からは、当社製品との因果関係はもとより、下痢との因果関係も認め難いものと判断いたします。

3、御要求について
　　以上の次第で、当社といたしましては御要求にはいずれも応じられないものでありますが、先に営業部門におきまして金3万円のお見舞金のお支払いを申し出た経緯がございますので、御了解いただければこれは御支払いします。

　　　一応同意書を同封いたしますので、よろしければ署名、御捺印のうえ御返送下さい。

　　　　　　　　　　　　　　　　　　年　月　日

〇〇食品株式会社　御中

　　　　　　　　　　　　　　　住所
　　　　　　　　　　　　　　　　　　　A　　印

　　　　　　　同　　意　　書

　　年　月　日当家族が下痢症状を呈した件につき、当方は貴社に対し、これが貴社製缶詰によるものと主張してまいりましたが、これに関し、貴社より見舞金3万円を下記にご送金いただければ、今後一切本件に関し、貴社に苦情要求をしないことに同意します。

　　　　　　　　振込先口座の表示

　　銀行（支店）名　　　　　名義人
　　口座番号　　　　　　　　口座の種類

文 例 ❷ 紳士録、押売り等の断り文例（Ⅱ-①、②、53〜55頁）

　　　　　　　　　　　　　　　　　　　　年　月　日

　Ａ　殿

　　　　　　　　住所
　　　　　　　　氏名　　　　㊞

御　通　知

　かねてより御連絡いただいております件、私は今後一切貴社関係の紳士緑を購入したり、掲載をしていただいたりして金銭をお支払いするつもりは全くありません。
　ここに私の意思を明確にし、今後一切の電話、訪問等もお断りいたしますので申し添えます。
　なお、もし法的に正当な権利をお持ちでしたら裁判所を通じて御請求下さい。当方も厳正に対応します。

文例 ③ 一般的な詫び状の例（Ⅷ-⑦、120頁）

　　　　　　　　　　　　　　　　　　　年　　月　　日

A　　殿

　　　　　　　　　　　　　　　○○レストラン
　　　　　　　　　　　　　　　支配人○○○○

　　　　　　御　　回　　答

　日頃は当店を御利用いただき、厚く御礼申し上げます。
　早速ですが、　年　　月　　日の件につきましては、大変御迷惑をおかけして、改めて深くお詫び申し上げます。
　この件に関し、　月　　日、お申出のありました内容につき、次の通り御回答申し上げます。
　何卒ご理解賜りますようお願いいたします。

1、代わりの品御提供の件
　　　　検討させていただきました結果、金○○円を御支払いさせていただきます。

2、慰謝料の件
　　　　金○○円にて御容赦をお願いいたします。

3、従業員罷免の件
　　　　本人には十分説諭いたしました。当人の将来のこともございますので御寛容下さい。

文例 4　賠償義務がある場合の申出文例（Ⅷ-⑦、120頁）

　　　　　　　　　　　　　　　　　　　　年　　月　　日

　A　　殿

　　　　　　　　　　　　　　　　　○○レストラン
　　　　　　　　　　　　　　　　　支配人○○○○

　　　　　　　　お　わ　び

　日頃は当店を御愛顧いただきまことにありがとうございます。
　しかしながら、　年　月　日当店従業員の不注意によりあなた様の大切なネクタイを汚損してしまいましたことにつきましては、改めて深くお詫び申しあげ、今後はかかることのなきよう職員一同深く反省いたしております。ところで、この件の補償につきましては当方で専門の方の御意見も徹して検討させていただきましたところ、通常のネクタイの新品価額相当額として金1万円を御支払いさせていただくことが妥当であるとの判断に至りました。
　まことに失礼とも思いますが、一応示談書（免責証書）をお届けいたしますので、意のあるところをお含みいただき、御了解たまわりますようお願い申しあげます。

　　　　　　　　同　封　書　類
　1、免責証書
　　　　所要事項御記入、御署名、御捺印のうえ御返送
　　　下さい。
　2、返信用封筒

文例 5 賠償義務の免責証書（示談書）例（Ⅷ-⑦、120頁）

免　責　証　書

　私は貴社より、金10,000円を下記に御送金いただければ、下記事故についての損害賠償はすべて解決済みとし、今後貴殿もしくは従業員らに対し、何の要求もいたしません。

　事故表示
　　　平成　　年　　月　　日、貴店舗内において、貴殿従業員の過失により、私のネクタイが汚損されたこと

　　　　　　平成　　年　　月　　日

　　　　殿

　　　　　　住所
　　　　　　氏名　　　　　　　　　　㊞

文例 6　賠償要求の断り文例（XII-④、185頁）

　　　　　　　　　　　　　　　　　　　　年　　月　　日
　Ａ　　殿
　　　　　　　　　　　住所
　　　　　　　　　　　氏名　　　　　　　　　　印

御　通　知

　かねて御要求の下記の件、当方は一切支払い義務なきものと考えますので、御要求には応じられません。
　御納得いただけない時は、法的手続きをおとり下さい。
　今後は本件に関する電話、訪問等による御要求も一切おうけできませんので申し添えます。

　　　　　　　　　　　　記
　　　年　　月　　日当神社境内において落木により眼鏡の損害が発生されたとの件

文例 7 クーリングオフの通知書例（内容証明郵便で送付する）

御　通　知

　私が貴社に対して行った下記契約に関し、クーリングオフ制度に基づき、本書面をもって申込の撤回または契約の解除を致します。

記

1　申込日
　　平成〇〇年〇〇月〇〇日
2　販売店名
　　〇〇〇〇
3　販売店住所
　　〇〇〇〇
4　販売店の電話番号
　　〇3（〇〇〇〇）〇〇〇〇
5　商品名（またはサービス名）
　　〇〇〇〇

以上

平成　　年　　月　　日
差出人の住所
　　　　　　　　氏　名　　　㊞
名宛人の住所
会社名

※内容証明郵便はＡ4判またはＢ5判用紙を用い、横書きで横20字、縦26行で、同じものを3通作成して郵便局へ持参して下さい。なお、宛先は販売店になります。

文例 8 訴状例

訴　　　状

住所

　　　　　　　　　原告　　○○食品株式会社
　　　　　　　　　代表取締役社長　　○○○○

住所

　　　　　　　　　上記代理人弁護士○○○○

住所

　　　　　　　　　被告　　　　　A'

住所

　　　　　　　　　被告　　　　　A

債務不存在確認等請求事件
　訴訟物の価額　　　算定不能
　貼用印紙額　　　　13,000円

請求の趣旨

1、原告会社は被告A'に対し、原告会社製造缶詰商品の欠陥にもとづく損害賠償債務を一切負担していないことを確認する。

2、被告Aは被告A'の代理人として原告会社もしくはその従業員に対し、金銭の支払いその他利益の供与を求めるため架電、訪問してはならない。

3、訴訟費用は被告らの負担とする。

請求原因

1、原告会社は缶詰食品の製造、販売等を業とするものである。

※Ⅷ-①（110頁）のような製品クレームへの対応は、通常、文例①（222頁）の通知文で示すような対応で足りる。下記は、執拗な嫌がらせに対して、自社に損害賠償義務がないことを確認するための訴訟で対抗する際の訴状例。

2、被告A'は、原告会社の缶詰を購入して食べたところ、変質していたため下痢をし、以降体調悪く正常な日常生活が送れないとして、温泉療養費、タクシー代、代替労働費の支払い等多彩な要求を繰り返している。

3、しかし、当社製品にはそのような欠陥は一切なく、原告会社は被告A'に対し何の賠償義務も負っていない。

4、被告Aは被告A'の夫であるが、被告A'の代理人と称して原告会社従業員らに再三架電、訪問して上記多彩な賠償要求を繰り返しており、このため原告会社としては、業務に多大の支障が出ている。

5、よって、請求の趣旨通りの判決を求める。

　　　　　　　　　　添付書類

　　　1、委任状　　　1通
　　　1、資格証明　　1通
　　　1、甲号証　　　1式

　　　　　　平成　　年　　月　　日

　　　　　　原告代理人弁護士　　○○○○　印

○○地方裁判所　御中

※1、地方裁判所の書式はＡ４判横書きを用いるのが通常である。
　2、請求原因はもう少し詳しく書くのが実情である。

文例 9 調停申立書例

調 停 申 立 書

住所

　　　　　　　　　申立人　○○レストラン株式会社
　　　　　　　　　　　代表者代表取締役　○○○○
　　　　　　　　　　　訴訟代理人支配人　○○○○

住所

　　　　　　　　　相手方　　　　　　　○○○○

申立の趣旨

下記事故について、適正な補償内容を定めていただきたい。

　　日時　　平成　　年　　月　　日
　　場所　　申立人経営のレストラン内
　　態様　　申立人従業員が誤って相手方の衣服を汚損したもの

申立の実情

1、　　年　　月　　日申立人経営のレストラン内で申立人従業員のミスにより配膳中のジュースをこぼし、客として来られていた相手方の衣服（ネクタイ）を汚損した。

※Ⅷ-⑦（120頁）のような一般的なお詫び（文例③〜⑤）ですむはずの事例がこじれて解決できないような場合の簡易裁判所への調停申立の書例。

2、直ちに応急処置をとり、一応は目立たないようにはなったが、その後クリーニングしても完全ではなく、今後正式な場でのネクタイとしては使用できない状況である。

3、これについて、申立人側はクリーニング代を負担したほか、適切な時価額の補償を申入れているが、相手方は高級ネクタイの新品の提供と高額の慰謝料の支払いを求めていて解決できない。

4、よって、適切な解決を得たいため、本申立に及んだ。

　　　　　　　　　年　　月　　日

　　　　　申立人　訴訟代理人支配人　　　○○○○　印

○○簡易裁判所　　御中

暴力追放運動推進センター一覧

名称	住所	電話・FAX
全国暴力追放運動推進センター	〒113-0033 東京都文京区本郷三丁目38番1号 本郷信徳ビル6階	電話(03)3868-0247 FAX(03)3868-0257
(公財)北海道暴力追放センター札幌本局	〒060-0003 札幌市中央区北3条西7丁目1-1 道庁緑苑ビル庁舎内	電話(011)271-5982 FAX(011)271-5987
(公財)北海道暴力追放センター函館支局	〒040-0001 函館市五稜郭町16番1号 道警函館方面本部分庁舎内2F	電話(0138)35-5982 FAX(0138)35-5985
(公財)北海道暴力追放センター旭川支局	〒070-0036 旭川市6条通10丁目左10号 旭川中央警察署3階	電話(0166)26-5982 FAX(0166)26-5807
(公財)北海道暴力追放センター釧路支局	〒085-0016 釧路市錦町5丁目3番地 三ツ輪ビル3階	電話(0154)23-5982 FAX(0154)23-5976
(公財)北海道暴力追放センター北見支局	〒090-0024 北見市北4条東4丁目3番地 伊東ビル3階	電話(0157)61-5982 FAX(0157)61-0304
(公財)青森県暴力追放県民センター	〒030-0801 青森市新町2-2-7 青銀新町ビル内	電話(017)723-8930 FAX(017)723-8931
(公財)岩手県暴力団追放推進センター	〒020-0022 盛岡市大通り1-2-1 県産業会館内	電話(019)624-8930 FAX(019)624-8930
(公財)宮城県暴力団追放推進センター	〒980-0014 仙台市青葉区本町3-5-22 宮城県管工事会館内	電話(022)215-5050 FAX(022)215-5051
(公財)暴力団壊滅秋田県民会議	〒010-0922 秋田市旭北栄町1-5 秋田県社会福祉会館内	電話(018)824-8989 FAX(018)824-8990
(公財)山形県暴力追放運動推進センター	〒990-2492 山形市鉄砲町2-19-68 村山総合庁舎内	電話(023)633-8930 FAX(023)676-4140
(公財)福島県暴力追放運動推進センター	〒960-8115 福島市山下町5-28 県警察山下庁舎内	電話(024)533-8930 FAX(024)533-4287
(公財)茨城県暴力追放推進センター	〒310-0011 水戸市三の丸1-5-38 県三の丸庁舎内	電話(029)228-0893 FAX(029)233-2140
(公財)栃木県暴力追放県民センター	〒320-0033 宇都宮市本町12-11 栃木会館内	電話(028)627-2600 FAX(028)627-2996
(公財)群馬県暴力追放運動推進センター	〒371-0836 前橋市江田町448-11 県警察本部江田町庁舎内	電話(027)254-1100 FAX(027)254-1100
(公財)埼玉県暴力追放・薬物乱用防止センター	〒330-8533 さいたま市浦和区高砂3-15-1 県庁第2庁舎内	電話(048)834-2140 FAX(048)833-2302
(公財)千葉県暴力追放県民会議	〒260-0013 千葉市中央区中央4-13-7 千葉県酒造会館内	電話(043)254-8930 FAX(043)227-7869
(公財)暴力団追放運動推進都民センター	〒101-0047 千代田区内神田1-1-5	電話(03)3291-8930 FAX(03)5282-3724
(公財)神奈川県暴力追放推進センター	〒231-0002 横浜市中区海岸通2-4 県警本部庁舎内	電話(045)201-8930 FAX(045)663-8930

名称	住所	電話・FAX
（公財）新潟県暴力追放運動推進センター	〒950-0961　新潟市中央区東出来島11-16　新潟県自動車会館内	電　話(025)281-8930 ＦＡＸ(025)281-8934
（公財）山梨県暴力追放運動推進センター	〒400-0031　甲府市丸の内1-5-4　恩賜林記念館内	電　話(055)227-5420 ＦＡＸ(055)223-0110
（公財）長野県暴力追放県民センター	〒380-8510　長野市大字南長野字幅下692-2　県庁東庁舎内	電　話(026)235-2140 ＦＡＸ(026)233-3741
（公財）静岡県暴力追放運動推進センター	〒422-8067　静岡市駿河区南町11-1　静銀・中京銀静岡駅南ビル内	電　話(054)283-8930 ＦＡＸ(054)283-8940
（公財）富山県暴力追放運動推進センター	〒930-0005　富山市新桜町3-2	電　話(076)431-8930 ＦＡＸ(076)444-7788
（公財）石川県暴力追放運動推進センター	〒921-8105　金沢市平和町1-3-1　石川県平和町庁舎内	電　話(076)247-8930 ＦＡＸ(076)247-4004
（公財）福井県暴力追放センター	〒910-0004　福井市宝永3-8-1　県警察本部葵分庁舎内	電　話(0776)28-1700 ＦＡＸ(0776)28-1701
（公財）岐阜県暴力追放推進センター	〒500-8384　岐阜市薮田南5-14-1	電　話(058)277-1613 ＦＡＸ(058)277-1366
（公財）暴力追放愛知県民会議	〒466-0054　名古屋市昭和区円上町26-15　愛知県高辻センター2階	電　話(052)883-3110 ＦＡＸ(052)883-2122
（公財）暴力追放三重県民センター	〒514-0004　津市栄町3-222　ソシアビル内	電　話(059)229-2140 ＦＡＸ(059)229-6900
（公財）滋賀県暴力団追放推進センター	〒520-8501　大津市打出浜1-10　県警本部北棟内	電　話(077)525-8930 ＦＡＸ(077)525-8930
（公財）京都府暴力追放運動推進センター	〒602-8027　京都市上京区下立売通衣棚西入東立売町199-6	電　話(075)451-8930 ＦＡＸ(075)451-0499
（公財）大阪府暴力追放推進センター	〒540-0012　大阪市中央区谷町2-3-1　ターネンビルNo.2内	電　話(06)6946-8930 ＦＡＸ(06)6946-8993
（公財）暴力団追放兵庫県民センター	〒650-8510　神戸市中央区下山手通5-4-1　県警本部庁舎内	電　話(078)362-8930 ＦＡＸ(078)351-7930
（公財）奈良県暴力団追放県民センター	〒630-8131　奈良市大森町57-3　奈良県農協会館内	電　話(0742)24-8374 ＦＡＸ(0742)24-8375
（公財）和歌山県暴力追放県民センター	〒640-8102　和歌山市南雑賀町64番地	電　話(073)422-8930 ＦＡＸ(073)422-5470
（公財）鳥取県暴力追放センター	〒680-0031　鳥取市本町3-201　鳥取商工会議所内	電　話(0857)21-6413 ＦＡＸ(0857)21-6413
（公財）島根県暴力追放県民センター	〒690-0888　松江市北堀町15番地　鳥取県北堀町団体ビル内	電　話(0852)21-8938 ＦＡＸ(0852)21-8938
（公財）岡山県暴力追放運動推進センター	〒700-0985　岡山市北区厚生町3-1-15　岡山商工会議所ビル内	電　話(086)233-2140 ＦＡＸ(086)234-5196

名称	住所	電話・FAX
（公財）暴力追放広島県民会議	〒730-0011　広島市中区基町10番52号　県庁南館内	電　話（082）228-5050 ＦＡＸ（082）511-0111
（公財）山口県暴力追放運動推進センター	〒753-0072　山口市大手町2-40　県警本部別館内	電　話（083）923-8930 ＦＡＸ（083）923-8704
（公財）徳島県暴力追放県民センター	〒770-8053　徳島市沖浜東2-12-1	電　話（088）656-0110 ＦＡＸ（088）623-4972
（公財）香川県暴力追放運動推進センター	〒760-0026　高松市磨屋町5-9　プラタ59ビル内	電　話（087）837-8889 ＦＡＸ（087）823-2303
（公財）愛媛県暴力追放推進センター	〒790-0808　松山市若草町7-1　県警第二庁舎内	電　話（089）932-8930 ＦＡＸ（089）932-8930
（公財）暴力追放高知県民センター	〒780-0870　高知市本町2-3-31　LSビル3階	電　話（088）871-0002 ＦＡＸ（088）871-0003
（公財）福岡県暴力追放運動推進センター	〒812-0046　福岡市博多区吉塚本町13-50　県吉塚合同庁舎内	電　話（092）651-8938 ＦＡＸ（092）651-8988
（公財）佐賀県暴力追放運動推進センター	〒840-0831　佐賀市松原1-1-1　県警本部別館内	電　話（0952）23-9110 ＦＡＸ（0952）23-9107
（公財）長崎県暴力追放運動推進センター	〒850-0033　長崎市万才町5-24　ヒルサイド5ビル内	電　話（095）825-0893 ＦＡＸ（095）825-0841
（公財）熊本県暴力追放運動推進センター	〒862-0950　熊本市中央区水前寺6-35-4	電　話（096）382-0333 ＦＡＸ（096）382-0346
（公財）暴力追放大分県民会議	〒870-0046　大分市荷揚町5-36　県警察本部庁舎別館内	電　話（097）538-4704 ＦＡＸ（097）536-6110
（公財）宮崎県暴力追放センター	〒880-0804　宮崎市宮田町13番16号　県庁10号館内	電　話（0120）184-893 ＦＡＸ（0985）31-0894
（公財）鹿児島県暴力追放運動推進センター	〒892-0838　鹿児島市新屋敷町16-301　県公社ビル内	電　話（099）224-8601 ＦＡＸ（099）224-8602
（公財）暴力団追放沖縄県民会議	〒900-0029　那覇市旭町7番地　サザンプラザ海邦内	電　話（098）868-0893 ＦＡＸ（098）869-8930

全国弁護士会一覧

名称	住所	電話・FAX
札幌弁護士会	〒060-0001　札幌市中央区北1条西10丁目　札幌弁護士会館	電　話(011)281-2428 FAX(011)281-4823
函館弁護士会	〒040-0031　函館市上新川町1-3	電　話(0138)41-0232 FAX(0138)41-3611
旭川弁護士会	〒070-0901　旭川市花咲町4	電　話(0166)51-9527 FAX(0166)46-8708
釧路弁護士会	〒085-0824　釧路市柏木町4-3	電　話(0154)41-0214 FAX(0154)41-0225
仙台弁護士会	〒980-0811　仙台市青葉区一番町2-9-18	電　話(022)223-1001 FAX(022)261-5945
福島県弁護士会	〒960-8115　福島市山下町4-24	電　話(024)534-2334 FAX(024)536-7613
山形県弁護士会	〒990-0042　山形市七日町2-7-10　NANA BEANS 8階	電　話(023)622-2234 FAX(023)635-3685
岩手弁護士会	〒020-0022　盛岡市大通1-2-1　サンビル2階	電　話(019)651-5095 FAX(019)623-5035
秋田弁護士会	〒010-0951　秋田市山王6-2-7	電　話(018)862-3770 FAX(018)823-6804
青森県弁護士会	〒030-0861　青森市長島1-3-1　日赤ビル5階	電　話(017)777-7285 FAX(017)722-3181
東京弁護士会	〒100-0013　東京都千代田区霞が関1-1-3	電　話(03)3581-2201 FAX(03)3581-0865
第一東京弁護士会	〒100-0013　東京都千代田区霞が関1-1-3	電　話(03)3595-8585 FAX(03)3595-8577
第二東京弁護士会	〒100-0013　東京都千代田区霞が関1-1-3	電　話(03)3581-2255 FAX(03)3581-3338
横浜弁護士会	〒231-0021　横浜市中区日本大通9	電　話(045)211-7707 FAX(045)212-2888
埼玉弁護士会	〒330-0063　さいたま市浦和区高砂4-7-20	電　話(048)863-5255 FAX(048)866-6544
千葉県弁護士会	〒260-0013　千葉市中央区中央4-13-9	電　話(043)227-8431 FAX(043)225-4860
茨城県弁護士会	〒310-0062　水戸市大町2-2-75	電　話(029)221-3501 FAX(029)227-7747
栃木県弁護士会	〒320-0845　宇都宮市明保野町1-6	電　話(028)689-9000 FAX(028)689-9018

名称	住所		電話・FAX
群馬弁護士会	〒371-0026	前橋市大手町3-6-6	電　話(027)233-4804 FAX(027)234-7425
静岡県弁護士会	〒420-0853	静岡市葵区追手町10-80	電　話(054)252-0008 FAX(054)252-7522
山梨県弁護士会	〒400-0032	甲府市中央1-8-7	電　話(055)235-7202 FAX(055)235-7204
長野県弁護士会	〒380-0872	長野市妻科432	電　話(026)232-2104 FAX(026)232-3653
新潟県弁護士会	〒951-8126	新潟市中央区学校町通一番町1	電　話(025)222-5533 FAX(025)223-2269
愛知県弁護士会	〒460-0001	名古屋市中区三の丸1-4-2	電　話(052)203-1651 FAX(052)204-1690
三重弁護士会	〒514-0032	津市中央3-23	電　話(059)228-2232 FAX(059)227-4675
岐阜県弁護士会	〒500-8811	岐阜市端詰町22	電　話(058)265-0020 FAX(058)265-4100
福井弁護士会	〒910-0004	福井市宝永4-3-1 三井生命ビル7階	電　話(0776)23-5255 FAX(0776)23-9330
金沢弁護士会	〒920-0912	金沢市大手町15-153階	電　話(076)221-0242 FAX(076)222-0242
富山県弁護士会	〒930-0076	富山市長柄町3-4-1	電　話(076)421-4811 FAX(076)421-4896
大阪弁護士会	〒530-0047	大阪市北区西天満1-12-5	電　話(06)6364-0251（案内） FAX(06)6364-0252
京都弁護士会	〒604-0971	京都市中京区富小路通丸太町下ル	電　話(075)231-2378 FAX(075)223-1894
兵庫県弁護士会	〒650-0016	神戸市中央区橘通1-4-3	電　話(078)341-7061 FAX(078)351-6651
奈良弁護士会	〒630-8237	奈良市中筋町22番地の1	電　話(0742)22-2035 FAX(0742)23-8319
滋賀弁護士会	〒520-0051	大津市梅林一丁目3番3号	電　話(077)522-2013 FAX(077)522-2908
和歌山弁護士会	〒640-8144	和歌山市四番丁5番地	電　話(073)422-4580 FAX(073)436-5922
広島弁護士会	〒730-0021	広島市中区上八丁堀2-66	電　話(082)228-0230 FAX(082)228-0418

名称	住所	電話・FAX
山口県弁護士会	〒753-0045　山口市黄金町2-15	電　話(083)922-0087 ＦＡＸ(083)928-2220
岡山弁護士会	〒700-0807　岡山市北区南方1-8-29	電　話(086)223-4401 ＦＡＸ(086)223-6566
鳥取県弁護士会	〒680-0011　鳥取市東町2-221	電　話(0857)22-3912 ＦＡＸ(0857)22-3920
島根県弁護士会	〒690-0886　松江市母衣町55-4　松江商工会議所ビル7階	電　話(0852)21-3225 ＦＡＸ(0852)21-3398
香川県弁護士会	〒760-0033　高松市丸の内2-22	電　話(087)822-3693 ＦＡＸ(087)823-3878
徳島弁護士会	〒770-0855　徳島市新蔵町1-31	電　話(088)652-5768 ＦＡＸ(088)652-3730
高知弁護士会	〒780-0928　高知市越前町1-5-7	電　話(088)872-0324 ＦＡＸ(088)872-0838
愛媛弁護士会	〒790-0001　松山市一番町三丁目3-3　菅井ニッセイビル9階	電　話(089)941-6279 ＦＡＸ(089)941-4110
福岡県弁護士会	〒810-0043　福岡市中央区城内1-1	電　話(092)741-6416 ＦＡＸ(092)715-3207
佐賀県弁護士会	〒840-0833　佐賀市中の小路7-19	電　話(0952)24-3411 ＦＡＸ(0952)25-7608
長崎県弁護士会	〒850-0875　長崎市栄町1-25　長崎MSビル4階	電　話(095)824-3903 ＦＡＸ(095)824-3967
大分県弁護士会	〒870-0047　大分市中島西1-3-14	電　話(097)536-1458 ＦＡＸ(097)538-0462
熊本県弁護士会	〒860-0078　熊本市中央区京町1-13-11	電　話(096)325-0913 ＦＡＸ(096)325-0914
鹿児島県弁護士会	〒892-0815　鹿児島市易居町2-3	電　話(099)226-3765 ＦＡＸ(099)223-7315
宮崎県弁護士会	〒880-0803　宮崎市旭1-8-28	電　話(0985)22-2466 ＦＡＸ(0985)22-2449
沖縄弁護士会	〒900-0014　沖縄県那覇市松尾2-2-26-6	電　話(098)865-3737 ＦＡＸ(098)865-3636

《著者紹介》
弁護士法人淀屋橋法律事務所所属弁護士

弁護士　藤井　勲	弁護士　山本彼一郎	弁護士　太田真美
弁護士　阿部清司	弁護士　出口みどり	弁護士　奥田直之
弁護士　安田正俊	弁護士　井上敏志	弁護士　今井佐和子
弁護士　西野　航	弁護士　髙野史恵	弁護士　稲垣真理
弁護士　黒田拓志	弁護士　鹿野耕平	弁護士　中嶋俊太郎
弁護士　松本京子	弁護士　河田広徳	

（＊出口みどりはH26.10.28にフェニックス法律事務所に移籍）

弁護士法人淀屋橋法律事務所連絡先
（〒541-0041）大阪市中央区北浜4-1-21　住友生命淀屋橋ビル6階
　　　　　　Tel 06-6203-7104　　　fax 06-6229-0936

改訂新版　言いがかり110番

定価はカバーに表示してあります
発　　行　平成11年11月9日　初　版　発　行
　　　　　平成27年2月1日　改訂新版発行
編著者　　弁護士法人淀屋橋法律事務所
　　　　　代表弁護士　藤井　勲
発行者　　齋ノ内　宏
発行所　　株式会社　企業開発センター
　　　　　〒530-0052　大阪市北区南扇町7-20　宝山ビル新館　　Tel 06(6312)9563
　　　　　〒160-0004　東京都新宿区四谷4-32-8　YKBサニービル　Tel 03(3341)4915
発売所　　株式会社　星雲社
　　　　　〒112-0012　東京都文京区大塚3-21-10　　　　　　　　Tel 03(3947)1021
印刷所　　株式会社　太洋社　　著作権法により、無断コピー、複製、転載は禁じられています。
　　　　　　　　　　　　　　　万一、落丁・乱丁本がありましたら、お取り替え致します。

ISBN978-4-434-20181-3　C0030